マンガでわかる人間関係の心理学

渋谷昌三 著
みずなともみ・サイドランチ マンガ

池田書店

はじめに

私たちは、家族、恋人、友人、職場の上司、部下、同僚……と、たくさんの人たちと関わりながら生きています。その中で、さまざまな経験や、喜びや悲しみなど、気持ちを共有していきながら関係性を深めていきます。そして、その出会いのなかで、親密になったり、ギクシャクとしたり……。自分を出発点として、人間関係は日々変化しているのです。

また、現在ではインターネットを通して、距離を越えて、いつでもやりとりできるようになりました。一方で、便利なコミュニケーションツールの普及によって、人間関係がいままで以上に複雑になった……と感じていませんか?

ときには「この人は何を考えているのかな」と相手の気持ちを知りたくなる場面もあるでしょう。また、「あの人は、どうしてあんなことを言うのだろう?」とモヤモヤした気持ちを抱くときもあるでしょう。でも、悩むということは、今の状況を少しでもいい方向に変えたいと思っているからではないでしょうか。

そこで、いまよりももっと生活を豊かにするために、心理学を用いて他人の気持ちを覗いてみませんか？　心理学は難しい学問ではありません。人のしぐさや発言などから、心の動きを科学的に分析していく、私たちの暮らしに密着した学問なのです。

本書では、そんな人間関係についての悩みや疑問、出来事などを4つのテーマにわけて心理学の視点から説明しています。人がどのような気持ちのときに、どのような行動を示すのか、心の動きを知っておくことで、相手の気持ちを察することができるようになります。そうすれば、今まで心の中につっかえていたモヤっとした気持ちが和らいでスッと楽になるでしょう。

心理学は、相手の気持ちを知るためだけでなく、自分自身の心を整理するためのツールにもなるのです。

この本が、人間関係を円滑にして、日常生活をより楽しくなるためのヒントとなれば幸いです。

渋谷昌三

マンガでわかる人間関係の心理学 目次

第2章 職場の心理学

第3章 家族の心理学

第4章 男女の心理学

マンガ主要人物紹介

瀬戸《せと》&相葉《あいば》

入社10年目の会社員2人組。瀬戸はリーダーシップ型、相葉は丁寧で慎重型。最近、2人の持ち味が仕事の評価にも現れて……！？

マスター

喫茶オアシス店主。実はその昔、心理学の世界では有名だったとか。人の悩みを放っておけない温和な性格と、渋い風貌でファンが多い。

望月亜梨沙《もちづきありさ》

大学1年生。素直だけど、周囲に流されがちな女の子。人見知りな性格に悩んでいて、克服するために喫茶オアシスにてアルバイトを始める。

佐藤陽菜《さとうひな》

亜梨沙の大学の同級生。誰とでも打ち解けられる明るい女の子で、亜梨沙の憧れの存在。実は、マスターとは知り合いらしく……。

渡瀬《わたせ》& 楠《くすのき》

入社4年目の会社員2人組。おおらかでお調子者な渡瀬に対して、細かいことを気にする真面目な楠。最近オアシスに通いだした。

宇都宮《うつのみや》夫婦

喫茶オアシスの近所に住む結婚3年目の夫婦。妻の沙希は、しっかり者で我慢するタイプ。夫の大介はそんな妻に甘えている部分がある。

第1章

人付き合いの心理学

他人と関わっていると、多かれ少なかれ対人関係の悩みが出てくることでしょう。この章では人との距離感のつかみ方から、周りにいるさまざまなタイプの人と上手く付き合っていくコツまでを紹介します。

人との“ちょうどいい”距離感のつかみ方って?

マスター
（喫茶オアシス・店主）
いらっしゃい
こんにちは マスター
——ここは 喫茶オアシス 私がこの店で アルバイトを はじめて 2か月になりました
初対面の人と うまく話せなかったり
伝え方が下手で 相手を誤解させたり
そんな自分の コンプレックスを 克服しようと
思い切って接客業の アルバイトに 申し込んだのが きっかけでした

最初は緊張したけど
やさしくてどこか
不思議な雰囲気の
マスターや
常連客の相葉さんなど
みんなに助けられながら
なんとか働いてるけど
まだ失敗の連続で……
つるっ
きゃっ！
グラ
おいおい
大丈夫かい？
カランカランカラン
はっ はい
いらっしゃいま……
あっ
陽菜!?
あ、
亜梨沙？
佐藤 陽菜
（亜梨沙の友人）

へえ〜！ここで働いてたんだ
う…うん
二人は友達なのかい？
ええ同じ大学なんです
でも、恥ずかしいところ見られちゃったな転びそうなタイミングで再会なんて……
亜梨沙ちゃんのお友達か可愛いね
えへへよく言われます！
ははは
もう打ち解けてる！マスターだけでなく相葉さん達とも！

どうしたの？亜梨沙ちゃん
あ、いえ 打ち解けるの早くてすごいなって
彼女のことかい？
ええ、私と陽菜は友達だけど正反対なんです
陽菜は誰とでも仲良くできて自分の気持ちも正直に伝えられて……
人付き合いの上手な陽菜のことがうらやましくて憧れの存在だったんです
けど、そばにいるほど自分に自信がなくなっちゃって
アルバイトを始めたというこどもあってちょっと疎遠になってたんです

ここのアルバイトに申し込んだのもそういう苦手な部分を克服して陽菜みたいになりたかったのに
やっぱり人見知りが出ちゃったり失敗ばかりで…
さっきも陽菜に失敗したところを見られちゃったしなんだか気まずいです
そんなことないよ亜梨沙
えっ？
そこでマスターに相談を聞いてもらってから前向きになれたのよ
私は前にもここに来たことがあるの
前にもここに？

私も昔は自分に自信がなくて
相手からどう見られてるのかいつも気にして生活してたの
「対人認知欲求※」と呼ばれる心理なんだ
それに 嫌われたらどうしようって本心を隠して相手に意見を合わせてたの
えーとこれは何ていったっけ？
それは「屈辱的同調※」というんだよ
そんなときふらっとこの店に入ってね
マスターに何気なく話したら相談に乗ってくれたの
そして マスターから「心理学」の話を聞いてたら
心のモヤモヤが楽になったんだ

※**対人認知欲求** …… 相手の言葉や行動に関心を向けること。22ページ参照。

※**屈辱的同調**……自分の考えや意見と異なっても相手に賛成し、同調すること。22ページ参照。

2匹のヤマアラシが身体を寄せて温まろうとすると
互いのトゲが相手を傷つけてしまうために
ちょうどよい距離を保つためにくっついたり離れたりしたという話なんだ
ヤマアラシ……？
これは人間関係にも重要で
人との距離を保つときも遠すぎずかといって密着せず
トゲのとどかない適度な距離をはかったほうがいいという話だよ
つまり亜梨沙が他人との距離を慎重に意識するのは悪いことじゃないのね
そうともちょうどいい距離を徐々に見つけていけばいいんだよ
そっか

心理学は自分や他人の心のしくみを知って人間関係をよくするための学問なんだ
しぐさや言葉でその人がどんなことを思っているのかわかるから人との〝ちょうどいい〟距離感のつかみ方がわかるようになるんだよ
亜梨沙も心理学を知りたいと思わない？
うん、知りたいお願いします！
喫茶オアシスで
私もたくさん学んでいきたいと思います
──こんな風に

人との距離感

人見知りな性格は必ずしも損ではない

外向型の人と内向型の人はどう違うのか？

喫茶店員のような接客業は、内向的な人よりも外向的な人のほうが合っているといえると思いますが、そもそも内向的な人と外向的な人では、性格や特徴はどう違うのでしょうか。

スイスの分析心理学者である**ユング**は、人付き合いがよくて初対面の人とも打ち解けやすいタイプを**外向的性格**、内気で人見知りなタイプを**内向的性格**と分類しています。外向的な人は社交的で交際範囲が広く、自己表現を得意としています。さらに何事にも積極的で、決断をするときも周りの意見をよく聞きます。一方、内向的な人は人見知りをしてしまうため、初対面の人とすぐに打ち解け合うのがあまり得意ではありません。知り合いがほとんどいない会合などの席で、どうしていいかわからず困った、という人も少なくないでしょう。

以上の点を見れば、外向的な人が一見得なように思えますが、必ずしもそうとは限りません。ユング※はリビドー（心のエネルギー）が自分の外へ向かっている人を外向型、内側へ向かっている人を内向型と定義しています。外向型の人は外の世

KEY POINT

◎ 外向型は社交的な半面、トラブルに弱い
◎ 内向型は打ち解けにくいがブレにくい
◎ 人付き合いが苦手な人は小さな目標を掲げる

界ですぐ調和できる一方で、外の世界に依存している傾向にあるので、ひとりでは人生の充足感を得ることがなかなかできません。また、行動的ではありますが熱しやすくて冷めやすく、トラブルや悩みを抱えやすく、弱いという面もあります。

これに対し、**内向型の人は外の世界に自分を合わせようとはせず、一度決断すると少々のトラブルや批判ではへこたれない心の強さを持っています。**また、感情をコントロールしやすいという面があります。ですので、人見知りで内向型だからといって悲観的になる必要はないのです。

人付き合いに対して苦手意識がある人は、いきなり大勢の人と無理に仲良くなろうと思わずに、打ち解けやすそうな人から関係を築いてみましょう。少人数でもかまいません。「相手の目を見て話してみる」「笑顔で話すように意識する」など、頑張れば達成できる程度の目標をクリアしていくことで、人付き合いの苦手意識も徐々に払拭《ふっしょく》されていくはずです。

外向型と内向型の違い

外向型と内向型では考え方も性格も大きく異なりますが、どちらかが有利というわけではありません。一長一短あるので、よいところを取り入れましょう。

	外向型	内向型
人間関係	・社交的で交際範囲が広く、世話好き ・他人といる環境のほうが、仕事ができる ・人付き合いがよく、人と交流することを望む	・社交的ではなく、自分の殻に閉じこもりがち ・人前で仕事をするのが苦手だが、ひとりでも仕事を進めることができる ・人見知りで、集団とは距離をとりがち
行動力	・行動的だが、熱しやすく冷めやすい ・トラブルや悩みを抱えやすく、小さなことでも落ち込みやすい	・無口で融通はきかないが、我慢強い ・興味のないことには一切関心を示さない ・いったん決めたらあきらめず、やり通す強い気持ちを持っている
感情	・陽気で劣等感がなく、ユーモアがある ・感情の表現が豊かで、自信がある	・感受性が強いが、自分を外に出そうとしない ・自分で感情をコントロールできる
リーダーシップ	・決断が早く、統率力がある ・周囲の変化にも関心を持ち、周囲との調和を心がけている ・決断するとき、周りの意見をよく聞く	・迷うことが多く、実行力に欠けているので慎重に行動する ・周囲の変化に流されず、自分を貫く ・自分ひとりで決断をすることが多い

KEY WORD

【リビドー】フロイトは、あらゆる精神活動の源になるエネルギーは性欲動であると定義し、そのエネルギーを指した。一方、ユングはこれをすべての心のエネルギーと主張した。

人との距離感

嫌われたくない！八方美人に振る舞う人の心理

誰にでも同調してしまうのは自己評価が低いから

八方美人は、「どこから見ても欠点がない美人」という意味から転じて、「何でも同調してしまう人」「如才《じょさい》ない人（誰にでも丁寧な人）」のことをいい、誰に対しても当たり障りなく接する人のことを指します。

心理学では、周囲の顔色をうかがい、自分の考えや意見と異なっても相手に賛成し、同調することを**屈辱的同調**といいます。また、周囲の目が気になり、相手の言葉や行動に関心を向けることを**対人認知欲求**といいます。これらの要因には、※「自己評価の低さ」などがあります。誰からも好かれようとして行動したのに、それとは正反対の結果になるのは、あまりにも皮肉な話です。10人いれば、10通りの意見がありますし、すべての人に合う性格というのはありません。**合わせようとすればするほど、自分の気持ちを上手に表現できず、つねに「相手からどのように見られているか」についてとらわれてしまいます。**また、否定的なとらえ方をしがちになります。

まずは、自己評価を高めて、周りに左右されない満足感を追求していくことが必要になります。

KEY POINT

- ◎ いい顔をするのは「嫌われたくない」表れ
- ◎ みんなに合わせようとするほど辛くなる
- ◎ 周りに左右されない満足感を追求しよう！

対人認知欲求と屈辱的同調

「他人からどう思われているんだろう」と気になるのはみんな同じですが、自分の意見や考えを曲げてしまうのは考えものです。

対人認知欲求

みんなからどう
思われているんだろう……

周囲の人間の行動が気になり、知りたがること。この欲求が強いと、周りの顔色をうかがうことに神経を使うようになり、生活や仕事に支障をきたす場合も。

屈辱的同調

嫌われたくないから
合わせておこう……

悪口を
言われたくない……

自分と意見や考えが違っても、それを抑えて相手に同調すること。"好意"という報酬を得るのが目的となっている。

解決するには……

自己評価を高めること

自己評価を高めるには、たとえば趣味や仕事など、何でもいいので誰にも負けないという得意分野をつくってみよう。また、**無理をしてまで周りに合わせようとしない**ことが必要だよ。無理をして周囲に合わせても認められないし、むしろ自分の意見や考えを持っているほうが認められることがあるんだ

反対意見を言って、気まずい雰囲気になったらどうしようとついつい周りに合わせることがあったけど、自分に自信が持てるようになれば、自分の気持ちを素直に伝えられるかも!

KEY WORD

【自己評価】自分で自身を評価すること。自己評価の高い人は積極的で、問題にぶつかっても前向きに解決の糸口を探す傾向にあるが、低い人は、問題にぶつかると嘆いたり、過去にとらわれることが多い。

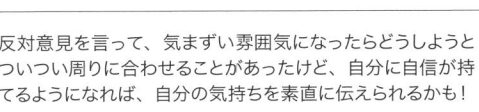

人との距離感

現代人の人間関係の悩みは〝距離感〟にアリ

「傷つきたくない」という気持ちがコミュニケーション不全を招く

コミュニケーションの悩みとして多いのが、相手との〝距離感〟のつかみ方です。ＳＮＳやメールのおかげでやりとりする機会は増えているものの、面と向かって話す機会は減っています。

人は、会話や行動を共にすることでコミュニケーションをとっていきます。ときには意見の違いなどから衝突することもありますが、健全なコミュニケーションを育むためには避けては通れないものなのです。

ところが、現代人はこの衝突を避ける傾向にあります。**相手と関わることで「傷つきたくない」と思っているのです。しかし、その一方で「コミュニケーションを深めたい」とも思っているのです。**この2つの考えの板挟みになると、相手との距離感が上手にとれなくなってしまいます。これではいつまで経っても相手との距離は縮まりません。この状態を**ヤマアラシ・ジレンマ**※といいます。これはドイツの哲学者ショーペンハウエルの寓話を、オーストリアの精神分析学者フロイトが論じたものです。

ある寒い日に寄り添い合って暖をとろうとした

KEY POINT

- ◎ 現代人は衝突を避ける傾向がある
- ◎ しかし、本当は仲を深めたいと思っている
- ◎ 思い切って相手の懐に踏み込んでみよう！

2匹のヤマアラシは、近づきすぎたあまりにお互いのトゲで傷つけ合ってしまいました。しかし、離れてしまうと寒さを感じ……。これを何度も繰り返した末、ようやく2匹は適度な距離を見つけた、という話です。

人との衝突を回避することを大事にするあまりに、コミュニケーション不全が夫婦や親子といった家族間でさえも生じているようです。小さな衝突を避けていると、積み重なって、やがては大きな対立を生んでしまうこともあります。

お互いに相手を深く理解しようとするためには、意見の食い違いや衝突は然《しか》るべき現象なのです。人間関係でヤマアラシ・ジレンマに陥っていると感じたら、思い切って相手の懐に踏み込むのもひとつの手です。ヤマアラシも、傷つきながらほどよい距離を見つけました。傷を負わずに健全なコミュニケーションをはかるのは難しいということを認識すれば、人間関係も今以上によくなるはずです。

仲良くなりたいけれど傷つきたくない ヤマアラシ・ジレンマ

人付き合いの中で傷つくことをおそれ、距離を置くものの、本当は仲よくなりたいという葛藤。衝突しながらも適度なコミュニケーションをはかり、距離感を見いだしていくことも必要です。

① ② ③

寒い冬の日、2匹のヤマアラシが身を寄せ合って温まろうとする。 → お互いのトゲが相手を傷つけ、距離を置く。 → 離れると再び凍え、互いに傷つけ合わない適度な距離感を見つける。

KEY WORD

【ヤマアラシ・ジレンマ】 ショーペンハウエルの随筆集『余禄と補遺』の寓話が元になっている。

人との距離感

コミュニケーションがうまくとれない理由は？

「恥をかきたくない」が対人恐怖につながる

「自分の容姿や行動は他人からどう思われているのかな……」と気にしたことはありますか？

人と関わって生活している以上は、相手の目を気にすることはとても自然なことです。しかし、なかには必要以上に対面での会話に恐怖心を持つあまりに、声がうわずったり、汗をかいたりする人がいます。このような症状を心理学では**対人恐怖（社会恐怖）**と呼びます。「恥をかきたくない」などという心理が働いてしまうことで、会話もぎこちなくなってしまうのです。それは、幼少時に人前で笑われてしまったなどの恥ずかしい思いを味わった経験がトラウマになり、自意識過剰※になりやすくなることが原因のひとつです。

また、日本社会では個人よりも全体の調和を重んじる傾向があります。自分の発言がきっかけで和を乱したらどうしようという思いも要因のひとつとなっています。

会話の場数を踏んで経験を積むことで、苦手意識はある程度克服できます。**まずは、思い切って「人と話すのが苦手だ」と打ち明けてみましょう。それだけでも、心がグッとラクになるはずです。**

KEY POINT

◎ 他人の目を気にしすぎると対人恐怖を招く
◎「実は会話が苦手なんだ……」と打ち明ける
◎ 小さな目標をこなして自信をつけよう

対人恐怖のおもな症状

対人恐怖は、他人を気にしすぎるあまりに生じる症状で、さまざまな種類があります。実現可能な目標を掲げて経験を重ねていくことである程度は克服できます。

赤面恐怖症	人前に立つと、顔や耳が赤くなってしまう。その状態が人に笑われているのではないかと気にする。
発汗恐怖症	人前に立ったり、人と話すとき、不安や緊張で汗を大量にかくこと。全身からまんべんなく汗が出る全身性多汗症と、体の一部分から汗が出る局所性多汗症がある。
体臭・口臭恐怖症（自己臭恐怖症）	自分の体臭や口臭が気になり、周りに迷惑をかけているのではないかと不安になる。実際には体臭や口臭がきつくないのに、この症状に陥る人が多い。
視線恐怖症	相手や自分の視線が気になってしまい、どこを向いて話せばいいのかわからなくなる。自己視線恐怖、他者視線恐怖、正視恐怖などがある。
電話恐怖症	「受け答えで失敗するのでは」「ほかの人に聞かれるのでは」という不安から、電話が取れなくなってしまう。
会食恐怖症	食べているときのマナーなどが気になり、緊張して食欲がなくなること。ひどい場合は吐き気がしたり、食べ物がのどに詰まったりすることがある。
書痙《しょけい》（手の震え）	契約書にサインする、黒板に字を書く、慶弔の席の受付で名前を書くなど、人前で字を書くとき、緊張で手が震えてしまう。

私は人と話すのが苦手なことを、周りにバレないよう振る舞ってしまいます……

本当の気持ちを隠したまま人と付き合うと、心も疲れてしまうよね。「人と話すのが実は苦手で……」と打ち明けてごらん。今よりもラクになるんじゃないかな。あとは、「笑ってみる」「目を見ながら会話する、あいづちを打ってみる」など、小さな目標を掲げてクリアしていけば、少しずつ自信がついてくるよ

KEY WORD

【自意識過剰】 他人に対して自分がどのように映っているのか意識が向きすぎる状態のこと。

人との距離感

心理学で「心のしくみ」を知りコミュニケーションをとる

心理学は私たちの身近にあるとても親しみやすい学問

「どうしてあの人は、あんな態度をとるのだろう」「人の心の中を透視できれば、今よりもっと人付き合いで悩むこともないのにな……」と、他人の心を読み取りたいと思うときがありませんか？　他人の性格や考えが手に取るようにわかれば、誤解を招いたり、衝突することもなくなり人間関係は円滑になっていきます。

そこで、人間関係の悩みの解決に登場するのが心理学です。簡単にいえば「心を科学的、客観的に分析する」学問といえます。さまざまな状況から、人がどのような行動をするのか解析していきます。一見、非常に難しい学問のように思われますが、実は我々の生活の身近にある学問でもあります。

心理学では、しぐさや振る舞い、服装や表情、言葉の発し方といった「目に見える行動」や、さらには生い立ちや環境、立場といった点から、「心のしくみ」について読み解いていきます。人間関係が思うようにいかなくても、科学的・客観的に分析すれば、「ああそうだったのか」「こうすればよいのか」と解決に至ることがあるのです。

KEY POINT

◎ 他人の心理を知ることで悩みを軽くできる
◎ 責任感の強い人はストレスを溜めやすい
◎ 心理学が気持ちをラクにさせ、前向きにちなみに、人間関係でストレスを溜めやすい人は、※フラストレーション（欲求不満）を自分自身に向けがちです。フラストレーションの解消方法には、①外にぶつける**外罰型**、②仕方がないと割り切る**無罰型**、そして、③「自分の努力が足りなかった」「失敗は自分の責任」と自分自身に向ける**内罰型**に大きく分けることができます。

内罰型の人ほどストレスを抱え込みがちだといわれています。というのも、「内罰型の人は、謙虚で責任感が強い」と高評価を得る一方で、問題が発生すると自分を責めたり、悩みを抱え込んでしまうため、心のバランスを崩してしまうおそれがあるのです。

過去を振り返って、原因を探ることはもちろん、重要なことです。しかし、過剰に引きずってしまっては前進できません。「次はこうしたら、もっとよくなる」という改善点を探っていきましょう。そのとき、心理学はあなたを助ける道具のひとつになるはずです。

フラストレーション（欲求不満）の解消の仕方

フラストレーション（欲求不満）の解消方法には、外罰型、内罰型、無罰型の３パターンがあります。自分がどのタイプなのかを分析し、改善すべき点があれば直していきましょう。

●外罰型

失敗の原因や責任を、他人や環境に求めるタイプ。ストレスはあまり溜まらないが、怒りっぽくて責任感がない人と思われるケースがある。

●内罰型

失敗の原因や責任を自分自身に向けるタイプ。自分でコントロールできないことまで、自分に責任を向けてしまう。責任感が強い半面、ストレスを溜めやすい。

●無罰型

「仕方がない」とその場しのぎの対応をするタイプ。社会で生きていくには無難と思われがちだが、問題点が解決されないため、同じミスを繰り返してしまう。

KEY WORD

【フラストレーション】欲求が何らかの障害によって阻害された状態のこと。

嫌われちゃった！　どうしよう！？
大事な第一印象の話

どうしたの?
すみません……
私、どうも
あのお客様に
嫌われてる
みたいで
時々
いらっしゃる
お客様だね
どうしてそう
思うんだい?
実は、ここで
働き始めて
すぐのときに
いらしたんですが
緊張して注文が
よく聞きとれなくて
何度も聞き返して
しまったんです
その時に
にらまれたのが
怖くて、いまだに
緊張してしまって……
それは
悪循環だね

今の様子を見ていたけど注文をとるときも目をそらして
返事もきちんとしていない
それでは悪い印象をもたれたままだよ
マスター見てたんですか？
普段の人付き合いでも一緒だけど
初対面の人に良い印象を与えるには第一印象がすごく大事なんだ
心理学では初頭効果っていうんだけど
最初のイメージは後まで残りやすい
初頭効果……ですか？

初対面で印象がよければ後々までいいイメージが残るんだ
そうか あのお客さんも私に悪い印象を持ったから……
たとえば面白い話をする人は"明るくて面白い人だなあ"と思うし
悪い印象を持てばそれから避けがちになったりする
いや、亜梨沙ちゃんこそ自分の失敗が原因とはいえ
にらまれたから"怖い人"と決めつけているんじゃないのかい？
たしかに……すみません！
そんなに謝らなくていいから

それにそういう第一印象は後々まで残って
ひとつのイメージに単純化させやすい
明るくて面白い人や怖い人……などね
これをラベリングっていうんだ
亜梨沙ちゃんはたぶんあのお客さんから
笑顔もできない注文もよく聞き取れない
仕事のできない店員だ！
――と　ラベリングされているんだろうね
そうかもしれません
私、どうしたらいいんでしょう？

一度ラベリング されると イメージを覆すのは 簡単ではないけれど
最初の印象は 後の正反対の情報によって 変わることがある これを親近効果というんだ
これから リラックスして いつものように 対応すれば 亜梨沙ちゃんなら 大丈夫！
カチャ
はい このコーヒーを 持って行って
はっ はい
ドキ ドキ…

落ち着いて……
笑顔で相手の
目を見て
声が小さく
ならないように……
お待たせ
いたしました
グァテマラをお持ち
いたしました
ご注文は以上で
よろしい
でしょうか?
お客様
靴の先に――
ああ
ここへ来る途中で
手を切っちゃってね
靴にもついてたか……
お待ち
ください!

こちら
よろしければ
お使いください
靴のほうも
お拭きしますので
前に……
いや
いいよ
すぐ終わり
ますから
ありがとう
ごゆっくり
どうぞ！

人間関係の築き方

初対面の人と良好な関係を築きたい

第一印象は話の内容よりも見た目や声で決まってしまう

初対面の相手と、なかなか打ち解けられないと悩んでいる方は少なくないのでは？　なかには「人付き合いなんてしなくても大丈夫」といって新しい関係を構築しようとせずに、内に閉じこもりがちな人もいます。

しかし、仕事やプライベートでは、コミュニケーションを深めなければならない場面はたくさんあります。そんな場面を乗り切るためにも、初対面の相手とよい関係を築くきっかけを学んでいきましょう。

初めて会った人によい印象を与えるには、第一印象が何よりも重要です。とくに見た目（視覚）から得る印象は大事になってきます。

「第一印象は会って3～5秒で決まる」ともいいますが、最初の段階で「明るくて面白い人」という印象を抱くと、後々でもそういう人だとみなされることが多く、逆に、第一印象で悪い印象を持たれてしまうと、そのイメージがずっと残る傾向にあります。最初に定着したイメージが固定化される現象を、心理学では**初頭効果**※といいます。

そのため第一印象はとても重要になってくるの

KEY POINT

◎ 初対面では第一印象が何よりも大切
◎ 人は話の内容よりも声や表情が大事
◎ 最初に定着したイメージは固定化される

です。人物を判断するときの概念のひとつに、**メラビアンの法則**があります。これはアメリカの心理学者であるメラビアンが実験から、第一印象に影響を与えるのは表情や態度が55％、声が38％、話の内容が7％という数値を見いだしました。この結果から、非言語コミュニケーションが9割以上を占めており、話の内容よりも声や表情のほうが大事だということが判明したのです。

こうした点を踏まえると、「人の印象は9割が見た目」ということになります。ただし、ここでいう〝見た目〟は服装や姿勢に限らず、顔つき、目つきなども含んでいます。

「ありのままの自分で勝負！」と全く外見を気にしないのは、時には損をしてしまいますね。

一期一会の出会いの場面で、チャンスを逃さないためにも、総合的に身なりをきちんと整えることが大切です。そして笑顔を絶やさず、相手の目を見ながら、落ち着いた声で話してみましょう。

メラビアンの法則と第一印象

身だしなみがきちんとしていたり、容姿が魅力的だと、第一印象で好感を与えやすくなります。そして最初に受けた印象が、全体の印象として固定化していきます。

メラビアンの法則 第一印象に影響を及ぼすのは表情・態度が55%、声が38%で、話の内容は7%に過ぎないという法則。

第一印象で影響を与える要素

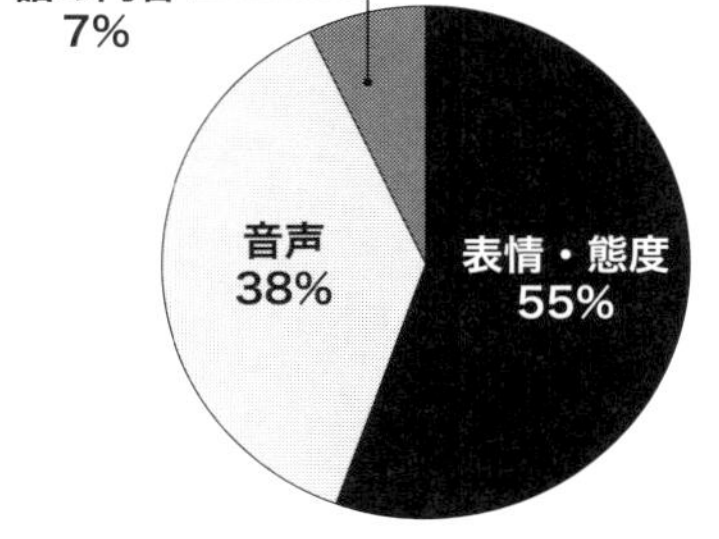
話の内容
7%
音声
38%
表情・態度
55%

約**9割**が非言語コミュニケーション

仕事
できそう！
しっかりした
若者だな
ピシッ

KEY WORD

【初頭効果】 一番最初の印象が記憶に残りやすいこと。反対に、物事の最後に起こったことが記憶に残りやすいことを親近効果という。

人間関係の築き方

第一印象でいい印象を残せなかったときは!?

初対面のマイナス印象は払拭することができる!

初対面の相手といい関係を築くには、最初の印象にかかっているというのは、38ページでも説明しましたが、「冷たい人」「優しい人」など、最初に定着したイメージは後々まで残りがちです。

コミュニケーションをとって関係を築いていくなかで、無意識のうちに相手をひとつのイメージでとらえようとします。これを心理学では**ラベリング**といい、「爽やかで情熱がある人」「不潔でいい加減な人」などというように、相手の印象を単純化させます。

しかし、人は見た目や数回のやりとりだけで相手のすべてを理解できるわけではありません。なかには**「たまたま具合が悪かっただけなのに、ぶっきらぼうな印象を与えてしまい、いい加減な人だと思われてしまった」**など、第一印象で間違ったレッテル※を貼られてしまったため、損をする人もいます。この間違ったレッテルのことを**ミスラベリング**といいます。

周りから誤解されることが多いと感じるならば、ミスラベリングされやすい人だといえます。困ったことに、一度イメージがついてしまうと、

KEY POINT

◎ 固定化した印象はなかなか払拭しにくい

◎ ミスラベリングされても、最初の印象を上回ることができればイメージを変えられる

なかなか簡単には覆すことはできません。だからといって絶対に覆らないというわけではありませんので、肩を落とさずに第一印象で抱かせたイメージをリセットすることに尽力しましょう。

アメリカの心理学者ルーチンスは、最初の印象と後の印象が異なる場合、後の印象のほうが優先されることを実験によって見いだしました。つまり、一番新しい情報や印象でもって相手を評価するということです。これを心理学では**親近効果**といいます。仮に第一印象でよいイメージが与えられなくても、次に会った際に最初の印象を上回るイメージを与えることができれば、誤解を払拭できる余地があるのです。

しかし、第一印象は変えられるからといって油断は禁物です。ミスラベリングを未然に防ぐためにも、日頃から相手の目を見て、相手の話にきちんと耳を傾け、自分の意思を正しく伝えることを意識して、コミュニケーションを深めることを心がけましょう。

ミスラベリングを修正して印象アップ！

間違ったラベリングを払拭するのは、なかなか難しいもの。誤解はコミュニケーション不足から生じることが多いので、たまには食事をしたり会話をしたりしてイメージのリセットをはかりましょう。

①相手の話を真剣に聞く

人は、自分に興味を示す相手に好意を抱くもの。誤解している相手がいたら、その人の話に積極的に耳を傾け、興味がある姿勢を示そう。

②自分のことを正しく伝える

相手の話を聞くだけでなく、自分のことを相手に正しく伝えよう。誤解を招いた理由をつきとめ、それが自分にあてはまらないことを伝える。

KEY WORD

【レッテル】特定の物事や人、集団に対して一方的、断定的に評価すること。

人間関係の築き方

コミュニケーション・スキルとソーシャル・スキルをみがこう

人付き合いに悩んだときはどうしたらいいの？

そもそも人の悩みには、具体的な悩みと抽象的な悩みがあります。前者は「〇〇さんともっと仲良くしたいけど、どうしたらいいのか」など目的がハッキリとしているもの、後者は「将来、どう生きたらいいのか」など、漠然とした悩みです。

人付き合いで頭を抱えている人は、「悩みがなければラクになれるのに」と思うかもしれません。しかし、人は生きていくうえでつねに悩みを抱えています。答えの出ない悩みを抱えるあまり心が押しつぶされそうなときは、カウンセラーなどの専門家に相談してみるのもひとつです。

そして、**人間関係の悩みを軽減させるには、コミュニケーション・スキルとソーシャル・スキル※をみがいていく必要があります。**スキルのみがき方の詳細は左ページで紹介していますが、これはあくまでスキル（技術）なので、習得の個人差はあるものの、誰でも身につけることができます。

とはいえ、いきなりハードルが高いものからチャレンジすると、うまくいかなかったときに意気消沈してしまいます。実現可能なものから実践し、徐々にレベルを高めていきましょう。

KEY POINT

◎ 目的が明確な悩みは心理学を利用しよう
◎ 誰でもできるスキルを実践する
◎ 悩みがわからないなら専門家へ

コミュニケーション・スキルとソーシャル・スキルをみがく

コミュニケーション・スキルとソーシャル・スキルをみがくことで、解決できる人付き合いの悩みもあります。誰でも身につけられる技術なので、ぜひ実践していきましょう。

コミュニケーション・スキル

- あいさつで自分の気持ちを上手に伝える
- 雑談力をみがくために、話題になりそうな情報・知識を、日頃から新聞やテレビなどで入手しておく
- 自分の感情を、言葉を使わず表情で伝える
- 意図的に相手のしぐさや動作などを真似して、話しやすい雰囲気をつくる
- 頻繁にうなずいて話に共感し、会話をはずませる
- 話し相手が気楽に話せるよう、相手とよく視線を合わせるようにする
- 聞く（確認する）内容によって、質問の方法を変えていく
- 話し相手の言葉を繰り返し、言い返す
- 話し相手の話をまとめたり、要約や言い換えをする

ソーシャル・スキル

- 相手の地位や、置かれている立場を理解する（その場を察する）
- 表情や言葉、ジェスチャーなどから気持ちを読み取っていく
- 喜怒哀楽をコントロールすることを学ぶ
- 集団生活を円滑に過ごすためのルール（食事や清掃、整理整頓、役割の遂行、時間厳守、話題の共有など）を遵守する
- ストレスに強くなる
- ネガティブな思考をポジティブに変える
- 自分が周囲にどんな印象を与えているのかを知る
- 自ら心を開き、周囲と親密な関係を築く
- 自分が話をするときは、「ゆっくりと正確に」を意識する

自分と異なるタイプでも、相手の目線に立ってコミュニケーションをとることが重要なんですよ

KEY WORD

【ソーシャル・スキル】 社会のなかでうまくやっていくための人間関係を築き、それを維持していくための知識や技術。「社会的技能」と訳される。

人間関係の築き方

人の気持ちと関係性は絶えず変化していくもの

家族や夫婦の仲でも相手を知ろうとすることが大事

人間は、生きていくうえで他人とコミュニケーションをとらなければなりません。勤務先や学校はもちろん、家族や友人、地域の人々、さらには行きつけのお店やコンビニの店員さんに至るまで、さまざまな他者と関わりながら暮らしていきます。インターネットが発達した現代社会においても、自分以外の誰とも関わらずに生きていくのは現実的ではありません。

しかし、**誰かと関われば、会話や行動のなかで本当の気持ちをうまく伝えられない、何を考えているのかわからないなど、解釈の食い違いによる摩擦が生じてしまいます。**とくに最近は、人付き合いで悩んでしまい、会社や学校に通うのが億劫だという人も少なくありません。

そのような経験から、新しい関係を構築するのが煩わしくなり、プライベートでは古い仲間としか一緒にいないという人もいます。とくに社会人になると、新たな友人をつくる機会がグッと減るので、その傾向が顕著になります。

たしかに、自分をよく知り、気心の知れた昔の仲間と一緒にいることはラクですが、それでは自

KEY POINT

◎ 解釈の食い違いによって摩擦が生じる

◎ 人間関係は絶えず変化するため、意識的に良好な関係を保つ働きかけが必要

分の"世界"が広がりません。初対面の人、今までそんなに親しくしてこなかった人とも積極的に交わることで、※コミュニケーション・スキルや価値観の幅を広げていくことができます。

そこでおさえておきたいことは、「人付き合いは絶えず変化する」ということです。先述のように新たな関係を築くとき、相手と良好なコミュニケーションをとろうと悩み、解決策を考えようとします。一方、旧知の仲、親子関係や夫婦関係などの場合、気心が知れているがゆえに相手を知ろうとする努力を怠りがちになります。結果、関係性に溝ができてしまうのです。

人の感情や考え方は普遍的ではなく、絶えず変化します。だからこそ「いま何を考えているのかな」と、相手の心の動きを推し量ることを意識しましょう。些細なことでもかまいません。まずは、今日何があって、どう思ったのか会話をしたり、一緒にどこかへ出かけたりしてつながりを保つ働きかけを積極的にしてみましょう。

初対面の人と仲良くなるポイント

初対面の人と親しく話すのが苦手という人は、親近感を抱かせる"テクニック"を活用してみましょう。

会話のなかに相手の名前を入れる

田中さんよろしくお願いします
田中さんはどう思います？

名前を呼ぶことで、相手に親近感を抱かせる効果がある。頻繁に呼びすぎると馴れ馴れしい印象を与えてしまうので、間隔を置くことが必要。

うなずきやあいづちを増やす

なるほど!!
わかります!

うなずきやあいづちをすることで、相手の話に興味を持っていることを示す効果がある。そして、「この人は話しやすい」という印象を与えることができる。

KEY WORD

【コミュニケーション・スキル】対人関係を円滑に深めるための言葉のやりとりやしぐさのこと。

人間関係の築き方

人間関係の悩みは決してゼロにはならない

悩みがあるって、素敵なこと

心理学があれば、人間関係の悩みはなくなるのでしょうか？　残念ながら、なくなることはありません。なぜなら44ページでも述べましたが、人間関係はつねに変化していくからです。

そもそも、**悩みが多いというのは必ずしも悪いことではありません。自分や相手を思いやり、真剣に向き合っているからこそ悩んだり、考えたりするのではないでしょうか。**

そして、人と真摯に向き合った結果、良好な人間関係を築けたとき「自分の働きかけで周りを動かし、困難なことを達成できたんだ！」と自己に対する信頼感が高まります。これを心理学では**自己効力感**といいます。

悩みがあるということは、自分を成長させるためのステップであり、むしろ素敵なことなのです。とはいえ、悩みすぎてしまうのはよくありません。できる限り自分を責めすぎず、楽観的に受け止め、物事をよいほうへ考えるようにしましょう。そうすれば、悩みや不快な気分にとらわれることもないですし、前向きにとらえることで、新たな成長につながることでしょう。

KEY POINT

◎ 今よりよくしたいと思うから悩むもの
◎ 困難なことを達成すると自信につながる
◎ 悩みは人を成長させる起爆剤である

悩みは受け止め方の違いで生まれる！

悩みを悲観的にとらえてばかりだと、負のサイクルから脱することができなくなります。失敗を前向きにとらえて次の成功へとつなげていきましょう。

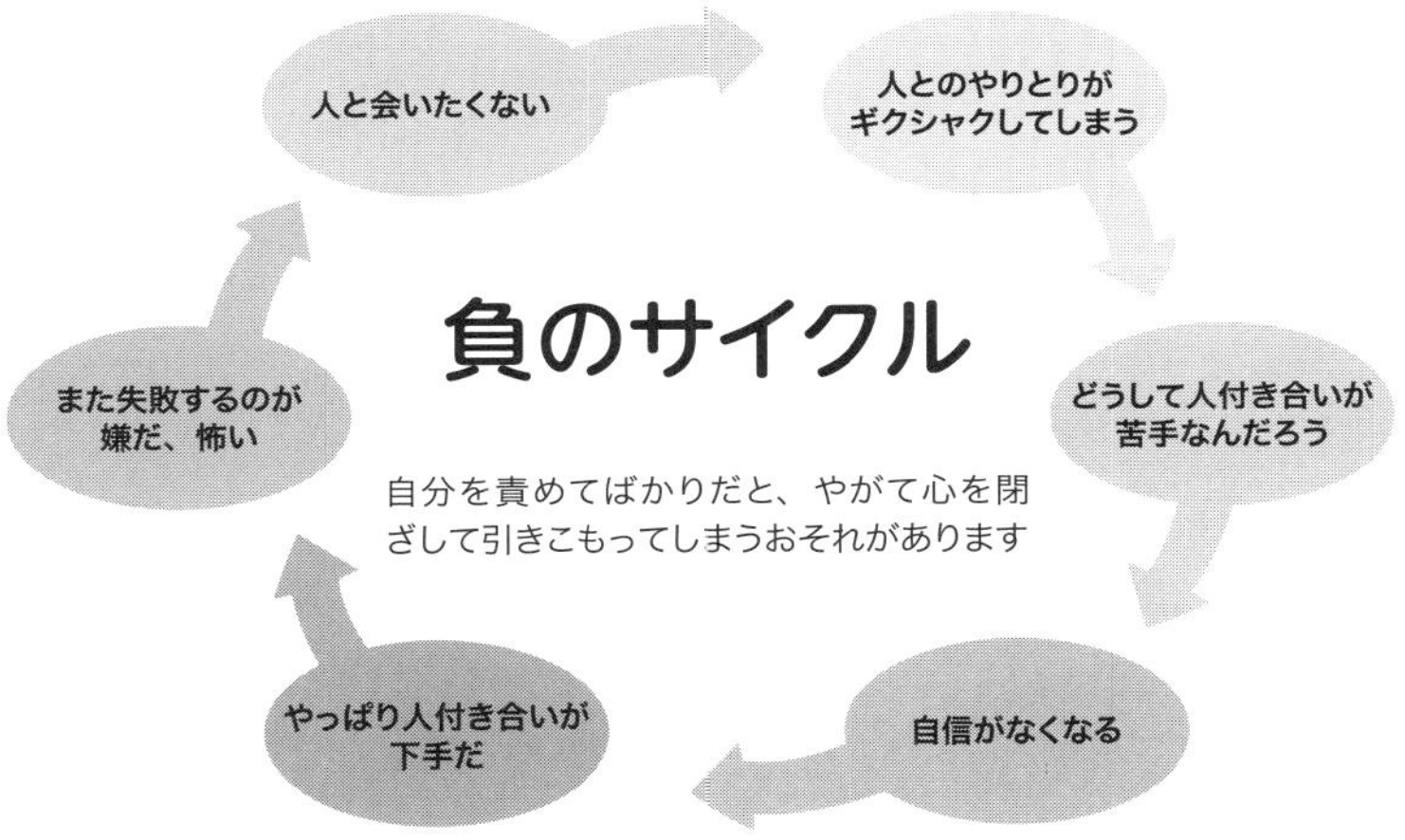
人と会いたくない
人とのやりとりがギクシャクしてしまう
どうして人付き合いが苦手なんだろう
自信がなくなる
やっぱり人付き合いが下手だ
また失敗するのが嫌だ、怖い
負のサイクル
自分を責めてばかりだと、やがて心を閉ざして引きこもってしまうおそれがあります

負のサイクルを断ち切るには……

思い切って一歩踏み込んでみる

↓

距離感が近くなる

↓

少し自信がついた！＝自己効力感

一度失敗してしまうと、ずっと引きずってしまいます

すでに起こってしまったことを嘆いても過去は変わらないよ。まずは受け入れることが大切なんだよ。未来のために「これからは、こうしよう！」と気持ちを切替えるとグッとラクになるはずだよ。それに、悩むことは自分を成長させるためにも大切なことなんだよ

自分をよく見せようとすると嫌われるのはどうして!?

カラン
Oasis
ありがとうございました!
亜梨沙ちゃんがここで働いて3カ月くらいか……もう慣れたかい?
はい お客さんもみんないい人ばかりで毎日楽しいです
Oasis
それはよかった 最初の頃なんてかなり緊張していたよね
あはは… すみません 私って
小さい頃から人前だとあがってしまいがちで…
大学にも入ったしちゃんと克服しようと接客のアルバイトに応募したんです
今ではハキハキと対応できてるじゃないか もう克服したのかな
あ… それが…
Oasis

バイトでは問題なくできてるんですが大学のほうだとうまくいかなくて……
ある講義の教授がとても厳しくて怖いから苦手なんですけど
名指しされたときやレポートの発表時などいつもその教授の目を気にしてしまって
怒られないように素直になりすぎたり緊張で顔が赤くなったりするんです……
そしたらあるとき友達の話が聞こえちゃって…
亜梨沙って教授の前でいい子ぶってるよね～？
……！
人に媚びるとか猫をかぶるとか言われるやつだね
誰だって緊張はするものだけど思わぬほうにとられることもある
でもそういう行為は自己呈示《セルフ・プレゼンテーション》といって
他者に好意を持ってもらうために自分が実際以上に優秀であることを相手に伝えることで
誰もがとっさに行ってしまうものなんだ

わ…私はいい子ぶったりしてるつもりじゃ……
もちろんわかってるよ
たとえば清純さを必要以上にアピールしているアイドルは
かなり積極的に自己呈示をしているといえるね
まあ芸能界と一般人の生活ではニュアンスは違ってくるだろうけどね
友達は私が先生に取り入ろうとしてるとか思ってるみたいで……
そういうのを意識的に狙ってやっている子はとくに女性からあまりよく思われないだろうね
謙虚さや控えめなことを美徳とする日本文化にはあまり有効的ではない
とくに集団生活だと「出る杭は打たれる」というだろう?
私……誤解されたままはいやなんですどうすれば……
それなら「自己開示」という方法があるよ
自己開示? 自己呈示ではなく……?

そう
自己呈示は自分が
他者に与える印象を
いい方向へ操作する
ことだったけど
自己開示は
肯定的な部分も
否定的な部分も
ひっくるめて
嘘偽りのない
ありのままの
自分の姿を言葉で
伝えることなんだ
ありのままの
自分……
コミュニケーションは
〝返報性のルール〟
というのが働くんだ
趣味の話をすれば趣味の話
家族の話をすれば家族の話が
相手から返ってくる
そこからより
深い話をすれば
ここまで
打ち明けて
くれたなら……
――と相手も自己開示の
打ち明け話をすることで
お互いの情報が交換され
理解がスムーズに進むんだ
私……大学の友達に
ちゃんと素直に
自分のこと
話そうかな
それが
いいと思うよ
現にいま僕に対して
しっかり自己開示
したじゃないか
そうですね！
じゃあ僕も
返報性のルールどおり
自己開示しようかな
実は僕ね……
あまり言えない
癖があるんだけど
食事のときにね……
ぼそっ
え――――！

自己アピールのやりすぎは日本の文化にそぐわない

みんなに自己呈示するより特定の誰かに自己開示する

社会における自分のイメージをよく見せて、好印象を与えようとすることを**自己呈示（セルフ・プレゼンテーション）**といいます。就職活動や婚活では、この自己呈示をどう行うかが結果を左右します。しかし、謙虚さや控えめな振る舞いを美徳とする日本社会では、過剰な自己呈示はかえってウンザリさせてしまうおそれがあります。

とくに女性の場合、「少しでも相手によく思われたい」「嫌われたくない」と思うあまりに、可愛く見せる素振りをする場合があります。しかし、こうした女性の多くは同性から「わざとらしい」「裏が見え見え」と思われ、やがて「いい子ぶっている」という認識をされてしまいます。

それは、182ページでも詳しく紹介しますが、**男性よりも女性のほうが、※非言語コミュニケーションの読解に長けているため、不自然な自己呈示に対して違和感を覚えてしまうからです。**

過剰に自分のことをよく見せようとするのではなく、特定の相手に「あなただから話すけど、実は……」と、自分のことを打ち明ける**自己開示**（62ページ）のほうが、有効です。

KEY POINT

◎ 自分をよく見せようとしすぎるのは、控えめを美徳とする日本の社会にはそぐわない！

◎ 特定の相手に打ち明けるほうがうまくいく

自己呈示（セルフ・プレゼンテーション）の失敗例

自分をよく見せようと過剰にアピールしてしまうと、謙虚さや控えめな振る舞いが美徳とされる日本では、毛嫌いされてしまう傾向にあります。

職場で実績や成果を盛ってしまう

実力が伴っていれば納得されるものの、なかにはよく見せようとアピールしすぎるとかえって煙たがられることも。

いい子ぶって同性に嫌われる

故意でなくても、異性の目を気にするあまりよく見せようとすると同性から嫌われるおそれも。女性は人の本質を見抜くのが得意なので、異性だけでなく同性の目も気にする。

不特定多数への自己呈示よりも特定の相手に自己開示を

たとえば、飲みにいったときに自分の心の扉を開いて意思を伝える。自分にだけ打ち明けてくれたという意識から、理解を示してくれる可能性がある。

意中の人には、大勢の人の前とは違う一面を見せる。そうすることで「自分だけが知っている」という秘密を共有し、グッと距離が縮まる。

KEY WORD

【非言語コミュニケーション】 言葉以外の手段によるコミュニケーションのこと。ノンバーバルコミュニケーションといい、表情、視線やしぐさ、声のトーン、体の姿勢などで示す。

気持ちのいい人付き合い

SNSの普及は空気の読みすぎを加速させる!?

自分の信念を曲げて多数者の意見や行動に合わせる

日本人というのは、よくも悪くも空気を読む傾向があります。とくに最近はSNS利用者の増加により、その傾向が顕著になっているようです。「嫌われたくない」「仲間はずれにされたくない」という意識が働きすぎるあまりに、SNS上に知り合いが投稿したら、興味がなくても返答するなど、自分の意思を抑えた行動を起こします。

自分の意見や信念を曲げて、多数者の意見や行動に合わせることを**同調行動**※といいます。人に合わせることで、多数者からの攻撃や非難を回避するという役目も果たしています。

しかし、本音で語り合い、ときにはぶつかり合うことで育まれるのが本来の人付き合いというもの。空気を読んでいるだけでは、やがて現状の人間関係が手詰まりになってしまいます。人付き合いがSNSに依存していると思ったら、週末は携帯を家に置いて出かけるなど、「SNS断ち」をしてみましょう。**「つねにつながっている」という感覚に陥りがちなSNSから距離を置くことで、今まで見えていなかった新たな発見や、本当に大切なことが見えてくるかもしれません。**

KEY POINT

- ◎ 人に合わせて空気を読みすぎるとストレスに
- ◎ SNSは「つねにつながっている」気になりがち。ときには面と向かった交流を！

「ないと不安……」あなたは大丈夫ですか？ SNS依存症

「いつでもどこでもつながっている」という快適さから、気づかないうちに SNS 依存症に陥るおそれが……。日常生活に支障をきたす前に「SNS 断ち」で改善をはかりましょう。

「SNS依存症」かもしれない症状

- 数分おきに携帯をチェックしてしまう
- 投稿したのに「いいね！」やコメントがないとイライラする
- 携帯の着信のバイブがないのに、震えたような気がする
- SNS に投稿するために行動することがある
- 頻繁に携帯をチェックしているので、充電が１日で切れてしまう
- 他人の書き込みを見て、嫉妬することがある

さまざまな「SNS断ち」の方法

投稿頻度を落とす

1日1回から2日、3日……と投稿する頻度を落としていく。

スマートフォンやタブレットを置いて出かける

「平日は仕事の連絡もあるので」という人は、休日だけでもやってみるとよい。

SNSのアプリを削除する

簡単にチェックできない環境をつくることで、気にしない習慣がつくられていく。

友人・知人とのリアルな交流を増やす

生身の人付き合いを増やすことで、その大切さをしみじみと実感できる。

メールアプリで「既読」になっているのにスルーされたり、時には未読放置になったり……とても気にしてしまいます

たしかに、SNS 疲れしていたかも。週末は携帯を置いて、ふらっと喫茶店に遊びにいきます！

いつでもどこでもやりとり可能なデジタルツールは人との距離を縮めてくれた。ネット上でのコミュニケーションも大事だけど、直接会って良好な関係を築くことはとても重要なんだよ

KEY WORD

【同調行動】 相手の意見に「そうですね」とうなずき、異論を唱えないこと。仲間意識を生むため、距離を縮めやすい半面、自分の意思がないと思われがちに。

気持ちのいい人付き合い

人に好かれるにはどうしたらいいの？

こちらから頼みごとをすれば相手に好かれる!?

あなたの周りにも、自然と人が集まってくるような、誰からも好かれる人気者はいませんか？人から好かれるのにはそれぞれ理由があります。周囲の人から受ける好意や尊敬、嫌悪や軽蔑といった感情を**対人魅力**といいます。この対人魅力を決定づけるには、**近接性**、**身体的魅力**、**類似性**、**相補性**、**好意の返報性**などがあります。これらの要因が大きいか小さいかで、好かれるかどうかが決まってきます。

まず、近接性というのは、故郷が同じであったり、住まいが近所という縁で親しくなることを指します。身体的魅力は「ルックスがいい」「スタイルがいい」など、文字どおり外見に惹かれることです。また、自分と似たような価値観、同じような経験をしてきた人に好意を持つことを類似性といいます。一方で、自分にないものに好意を持つこともあります。そして、お互いの足りない部分を補うことで、関係が築かれます。これが相補性で、こうした感情を互いに持つことを相補的関係といいます。最後に、自分に好意を寄せる人に対して好意を抱く現象が好意の返報性です。これ

KEY POINT

- ◎ 人から好かれるにはさまざまな理由がある
- ◎ 自分に好意を寄せる相手を好きになることも
- ◎ 好きだから助けたんだという思考が働く

はアメリカの心理学者ジェッカーとランディが実験で証明したものです。

また、**「人を助けると、助けた相手を好きになる」という現象が起こりやすいといわれています。**というのも、助けるというのは相手のために自分の労力を費やすことになります。そして後日、「なぜ助けたんだろう」と思い返したときに、「あの人のことが好きだから、助けたんだ」と、理由づける意識が働くのです。

つまり、好意を抱いていない相手であっても助けたとなると、自分の行動に矛盾が生じてしまいます。この矛盾をアメリカの心理学者であるフェスティンガーは**認知的不協和**※と提唱しました。自分の行動と心理に矛盾が生じた場合に、「好きだから」と動機づけして、その矛盾を解消しようとするのです。

対人魅力の規定因を大きくすることを意識したり、思いきって頼みごとをしてみましょう。人との距離感がグッと縮まるはずです。

人は助けた相手に好意を抱く？

この心理を利用して頼みごとをすると、人との距離も縮まりやすくなります。ただし、大きな頼みごとは断られる確率も高くなるので、相手が引き受けやすい頼みごとにしましょう。

仕事のボリュームが多く、終わらなくて困っている。

そこで、思いきって助けの手を求めてみる。

すると相手は「あの人が好きだから助けたんだ」という心理が、無意識のうちに働くようになる。

KEY WORD

【認知的不協和】 自分の選択した道や信念と社会的な認知にズレや矛盾がある場合をいう。その自分の考えを「いいはず」と動機づけることでズレや矛盾をなくすことを認知的不協和の解消という。

気持ちのいい人付き合い

相手のしぐさから心を読みとる方法

体から発する動作や表情は相手を知るヒントがたくさんある

人とコミュニケーションをとるとき、言葉だけでは相手の本音がわからないときがあります。コミュニケーションには、言葉を中心とする言語的コミュニケーションと、表情やしぐさからなる非言語コミュニケーションがありますが、アメリカの人類学者であるバードウィステルは「1対1で話すとき、言葉で伝わる情報は35％で、それ以外の話しぶりや動作といった手段で伝わる情報は65％である」と述べています。そのため、**相手といい関係を築きたいときは、体から発せられる"サイン"を見逃さないようにしましょう。**

たとえば、相手が前のめりになって話を聞こうとする動作は、関心を示している証拠です。そのときに、相手と同じように体を前のめりにして話をすれば、ミラーリング（167ページ）でより親密度が高まることでしょう。相手のしぐさに対して効果的な対応をとることで距離感を縮めることができるのです。

ほかにも、手や脚のしぐさなどから相手の本音を推し量ることができるので、意識しながらコミュニケーションをとっていきましょう。

KEY POINT

- ◎ 言葉よりもしぐさや表情からのほうが伝わる
- ◎ 相手のしぐさを読み解いて、それに対して効果的な対応をとることが距離を縮めるコツ

相手が自分に好印象を抱いているサイン

話をしているときは、言葉や表情に意識を集中していますが、それゆえ、姿勢や手、脚の動きには相手の“本音”が見え隠れしています。そのサインを見逃さないようにしましょう。

姿勢

前のめりで聞く

前のめりになるということは、相手に歩み寄る気持ちがあるということ。「話を聞き逃したくない」「もっと近づきたい」という思いが、前傾で話を聞く姿勢を生み出している。

目

相手の目を見つめる

相手がこちらの目を見つめるのは、基本的には好意のサイン。しかし、3秒以上見つめるのは、「相手の気持ちを推し量りたい」「相手を操りたい」という心理が働いている場合もある。

手

手のひらを上に向ける

相手がこちらの話に好印象を抱いているときは、手のひらを上に向けたり、腕を広げたりする。相手を信用し、心を開いていることを示すサインでもある。

脚

ひざやつま先が自分のほうを向いている

相手が自分に関心を寄せているときは、視線を合わせて前のめりになるだけではなく、ひざやつま先も自分のほうを向いている。横並びで座ったときに、とくに鮮明に現れる。

気持ちのいい人付き合い

苦手な相手と仲良くするための方法

会話の主導権を相手に渡して自分は聞き役に徹する

人間関係には、似た者同士は惹かれ合うという**類似性の原則**があります。価値観が似ているため共感しやすくなり、会話も盛り上がります。逆に、類似性があまりない相手とは価値観が異なるので、共感しにくくなります。その結果、「この人とは噛み合わないな」と思うようになり、それがいつしか苦手意識へと変わっていくのです。

そんな苦手な相手と仲良くする手段のひとつとして、会話の主導権を相手に渡して聞き役にまわる方法があります。そんなに興味がない話題でも「ああ、そうなんですね」と、興味や関心の矛先を相手に向けている姿勢を示しましょう。

反対に、相手よりも自分のほうが詳しい話題だと、つい知識や情報をひけらかしてしまいがちですが、相手によってはプライドを傷つけるおそれがあります。知っている話でも、ときとして知らないふりをすることも必要な場合もあります。

そして、**聞き役に徹すれば相手の考え方や経験、性格などをうかがい知ることができます。**「話してみると結構いい人かも」と、相手への苦手意識が払拭されることもあります。また、相手

KEY POINT

◎ 苦手な相手には話の主導権を託して聞き役に徹すれば、意外な一面を発見できることも

◎ 好意の返報性で相手との距離を近づける

も「あの人は私の話を聞いてくれる。私に好意を持ってくれているのかも」と思うようになります。これも**好意の返報性**のひとつで、苦手な相手とも仲良くなるきっかけとなります。

そこで、注意しておきたいことが、話を聞くときの姿勢です。苦手な人と話すと、相手から身を守ろうとするために腕や脚を組んだりしてしまいがちです。こうした姿勢は相手に不快な感情を抱かせてしまうおそれがあるので、しないように気をつけましょう。

「人との出会いは財産」というように、相手の言動から学ぶことはたくさんあります。苦手だからといって避けてしまっては、そのきっかけを自ら逃すことになってしまいます。**話の聞き方や姿勢など、少し意識することで、心地よいコミュニケーションが生まれてきますので、おそれずに関わることから始めてみましょう。**苦手だと思っている人も、人生に大きな影響を与えてくれる特別な人になるかもしれません。

苦手な人と仲良くするテクニック

苦手な人と円滑な関係を築く場合は、相手に会話の主導権を渡して聞き役に徹してみましょう。また、ときには「仕事だけの関係」と割り切って付き合うのも大切です。

①相手の目を見て話す

苦手な人と話すときは腕を組んだり、貧乏ゆすりをするなど、相手が不快に感じるような行動を意識してなくし、相手の目を見ながら話し、興味があるという姿勢を示す。

②聞き役に徹する

会話の主導権を相手に渡し、話にあいづちを打って興味があることを示す。話を聞くうちに相手が好意を示したり、相手に対して苦手意識があっても相手を理解することで払拭されることがある。

③「仕事だけの関係」と割り切る

人間は十人十色、合う人もいれば合わない人もいるということを念頭におきましょう。あまり深く考えすぎず、「この人とは仕事だけの付き合いだから」と割り切るようにする。

気持ちのいい人付き合い

冗談が通じない相手とコミュニケーションをとる

自分を開示して少しずつ心の扉を開く

　場を和ませるつもりで言った冗談を、真に受け取られ真面目な反応を返されてかえって、相手との距離を感じてしまった……という経験はありませんか？　冗談というのは、「遊びで言う言葉」「おかしさを感じて言う話」のことを指し、相手の気持ちや雰囲気を和ませるときに役立ちます。

　しかし、冗談を真に受ける人は「ウソをつかれた！」と怒ってしまう傾向にあるようです。

　ある心理学の調査では、「想像力が豊かな人」と「ウソを信じやすい人」はリンクしやすいことが明らかになっています。想像力が高いがゆえに現実として受け止めて考えてしまうのです。

　また、冗談が通じにくいと感じる場合は、相手との関係がまだ発展途上にあると考えられます。相手のデリケートな話題を冗談にするのは怒らせてしまう可能性があるため、見極める必要があります。**まずは、自分のことを相手に伝えて心の扉をある程度開いて（自己開示して）からにしましょう。**そうすれば、相手もあなたの性格を理解してくれて、会話の流れから「これは冗談なんだ」と認識し、受け入れてくれるはずです。

KEY POINT

◎ 想像力が豊かだと冗談を現実のものとして真に受けてしまう

◎ 冗談を言い合える仲になるには自己開示を

自己開示の6つの段階

特定の相手と打ち解けるために自分のことを打ち明けることを自己開示といいます。いきなり深刻な話を打ち明けるのではなく、相手との関係を深めながら、徐々に行っていきましょう。

どうして、打ち解けることでコミュニケーションがはかれるのかしら？

自分の情報を開示することで、好意の返報性が作用して、相手も打ち明けてくれるから、お互いのことを深く知れるようになるんだ。といっても、いきなり重要な話をしても相手にとっては重たいかもしれないから、徐々に行うのが大事だよ

レベル0 初対面
まだお互いの名前も知らない状態。

レベル1 自己紹介をする
お互いの名前、勤め先、出身地などを知る。

レベル2 世間話をする
天気や食べ物など、当たり障りのない会話をする関係。

レベル3 自分の考えを話す
自分が考えていること、好みなどを話す間柄。

レベル4 自分の周辺の話をする
自分の家庭環境や趣味、友人関係について話す。

レベル5 深刻な話を打ち明ける
自分が抱えている悩み、不安、コンプレックスなどを話す関係。

気持ちのいい人付き合い

やる前から言い訳をする人とうまくやっていく方法

相手に安心感を与えるようなフレーズを含めて話す

「相手の説明がよくわからなかったので、できませんでした」「商談がうまくいかなかったのは、相手がこちらの意図を理解してくれなかったから」など、失敗したときにあれこれと言い訳する人がいます。そもそも言い訳は、自分が犯してしまった失敗を、自分の責任だと認めたくないときに主張したり、自分の他にも理由があるのだと主張する場合によく使ってしまいます。

なかには、やる前から言い訳をする人もいます。失敗したときを見越して、その原因が自分にないことを主張するため事前に予防線を張ることを**セルフ・ハンディキャッピング**といいます。

たとえば、テストの前に「昨日寝ていない」「今日は体調が悪い」と言いふらすのが、セルフ・ハンディキャップ型の人によくある例のひとつです。事前に言っておけば、仮にテストの点数が低くても「やっぱり体調が悪かったから……」と主張することができます。また「日にちが足りないから」「この分野は専門外だから、ちょっと……」など、状況のせいにするのもそのひとつです。

一見、謙虚に見えますが、プライドが高く「傷

KEY POINT

◎ 予防線を張るのは、失敗を恐れている
◎ 一見謙虚でも、実はプライドが高い
◎ 不安な気持ちを取り去ってあげること

つきたくない」という心理が作用していることが多いようで、事前にこのような言い訳をしておくことで自身のプライドを守っているといえます。また、言い換えれば、プライドが高い割には自分に自信がないため、心の中は不安でいっぱいなのです。そのため、失敗したときの保険として、自分自身の能力に関係のない状況や環境をあらかじめ言い訳の題材として持ってくるのです。

これでは失敗をおそれて、自分の保身を優先してしまうあまり、せっかくのチャンスさえも、自らの言い訳によって閉ざしてしまう可能性も出てきてしまいます。

そこで、セルフ・ハンディキャップ型の言い訳をする人には、**「今回がダメでも、次があるから心配しないで」「大丈夫だよ」などと声をかけて不安な気持ちを取り払ってあげましょう。**「たとえ失敗してしまっても、きっと受け入れてくれるはず」と、安心することによって、よい結果を招く可能性が高まるかもしれません。

口癖でわかる相手の心理

何気なく放つ口癖からも、その人の心理が表れることがあります。覚えておけば、ちょっとした会話の端から相手の心理を読み取ることができます。

「いちおう」「とりあえず」	自分が言っていることに対して自信が持てず、それをごまかすためにこの言葉を用いる。また、自分の弱点を隠そうとする防衛反応が働き、こうした言葉がとっさに出ると考えられている。
「仕方がない」「しょうがない」	相手に対して「仕方がない」という言葉を使うとなぐさめの意味を持つが、自分に対してこの言葉を使うのは、失敗したときの自分自身への言い訳という意味合いもある。
「だから」「つまり」「たしかに」「そもそも」	理屈っぽく、自己主張が強い人が、何が何でも伝えようという強い意思を示すために、こうした言葉を頻繁に口にする。ほかにも「いわゆる」「要するに」「逆に言うと」などがある。
「でも」「だって」	否定するニュアンスを含んだ言葉。相手を不快にするほか、「能力がない」「やる気がない」などのレッテルを貼られることも。
「私って○○な人だから」	自分で自分を定義することで、一種の逃げ道をつくっている。また、「こういう人に見られたい」という欲求の表れのひとつでもある。

気持ちのいい人付き合い

卑屈な発言をする人の隠された心理状態

本当は傷つきたくない、褒められたい、好かれたい

「自分はバカだから、何をやってもダメなんです」などと、自分を蔑《さげす》むような卑屈な発言を頻繁にしていませんか？　一見、謙虚にもとらえられるかもしれませんが、このような発言には、さまざまな心理が見え隠れしています。

ひとつめは、失敗をしてしまったときに備えてハードルを下げておくことです。これは、64ページの**セルフ・ハンディキャッピング**のひとつで、自尊心を保つために前もって打つ手段です。

ふたつめは、周りから賞賛されたいという**喝采**※**願望**が関係しています。自分の能力であれば明らかに達成可能な課題に対しても、ハードルを下げておくことで、「苦労したけど、よく頑張った」と、周りから褒められるようになります。

そして最後は、相手から好意を得たいときに、自分を下げて相手を持ち上げます。これを**迎合行動**のひとつである**卑下**といいます。

これらは**人間関係を円滑にする方法として、ときには有効ですが、度がすぎると周りに嫌悪感を抱かせてしまいます**ので、注意しましょう。

KEY POINT

◎ **蔑んだ卑屈な発言の裏には、傷つきたくない気持ちや、褒められたいという感情がある**

◎ **言いすぎは嫌悪感を抱くので意識すること**

「私なんて……」は、相手の好意を得たい場合にも使われる！

「自分はバカだから」、「私なんて……」など自分をおとしめる発言は、相手を待ち上げて、好意を得る迎合行動の卑下に当てはまる場合があります。迎合行動には主に4つのパターンがあります。

卑下

あえて自分をおとしめる発言をすることで、相手を待ち上げる。好意を得たい、褒められたいという心理の表れ。また、自己評価が低い場合にも、卑下する発言をすることがある。

親切

好意を得たい相手の行動に注意して、気を配る。「自分だけが特別なんだ」と思わせることが重要になるが、行き過ぎた親切はおせっかいととらえられてしまうおそれがある。

賛辞

褒め言葉を使って相手を心地よくさせる。迎合行動の中では最も使いやすい方法だが、わざとらしい褒め言葉はかえって逆効果になる。

同意

相手の意見に賛成することで仲間意識が生まれる。相手との距離を縮めやすい半面、いつも賛同してばかりだと「自分の意見のない人」と思われる。

迎合行動は対人関係を円滑にしていく上で有効なテクニックです。しかし、わざとらしく感じるものや、いき過ぎた言動は、逆効果になってしまうので、注意が必要ですよ

KEY WORD

【喝采願望】 仕事や勉強などで優秀な成績を納めるなどして賞賛されたり、尊敬されることを喜びと感じること。喝采願望が強くなると、ウソをついてでも関心や興味を示してもらおうとする。

気持ちのいい人付き合い

怒りは本当の気持ちを隠すフィルター!?

怒りのパターンを知って対処法を変えていく

あなたの周りに些細なことで怒ってしまう人はいませんか？　怒りや喜び、悲しみといった人間の感情は成長とともに備わっていきます。これを心理学では**感情の分化過程**※といい、だいたい5歳ぐらいまでに育まれてきます。どのようなときに腹を立て、表現するのかという怒りのパターン（個性）もこのときに形成されますが、幼少期の環境やしつけのあり方が影響してきます。

その怒りには3つのパターンがあります。①原因や理由がはっきりしている怒り。②何となく気に入らないという気分からくる怒り。③さまざまな事柄や感情が少しずつ蓄積され、ふとしたきっかけで爆発する怒り。怒りっぽい人は、これらの怒りに達するプロセスがとても短いといえます。

また、怒りの感情の下には「わかってほしい」「寂しい」など本当に伝えたい気持ちが隠れています。**「本当の気持ちを受け入れてもらえなかったらどうしよう」「傷つきたくない」という不安から怒りで蓋をしてしまうのです。**怒りの矛先を向けられたときこそ、本当は何を伝えたいのか探って、良好な関係を築くチャンスなのです。

KEY POINT

◎ 怒りの感情の下には本当に伝えたい気持ちが隠されていることがある
◎ 相手が怒るパターンと対処法を理解しておく

怒りのパターンと謝り方のポイント

怒りには、3つのパターンがあります。それぞれ謝り方のポイントが異なるので、使い分けられるようにしましょう。

①因果関係がハッキリした怒り

- 言い訳をしない
- 筋道を立て、怒りの原因について謝る

②気分による怒り

- 具体的な対処はできないので、相手の怒りの感情を受け流すなど、余裕を持って対応する
- 相手をよく観察し、好き嫌いなど細かなサインを見逃さない

③怒りが怒りを誘った怒り

- その時点で相手が何に対して怒りを感じているのか、きっかけは何だったのか。根気強く話を聞いていく
- 話を聞いたうえで、謝罪の気持ちを伝える

怒らせてしまうのが怖くて、つい距離を置いて人と接していたけど、「怒り」というのは何かを伝えたいサインなんですね

本音を隠そうとして、つい怒りで蓋をしてしまう人が多いんだ。相手に怒られたら、こちらも感情的になってしまいがちだけど、相手が何を伝えようとしているのか真意を理解してあげることが重要だよ

怒らせてしまったときの対応で、その後の関係性も変わってくるんだね

KEY WORD

【感情の分化過程】 喜怒哀楽といった感情を表現する仕方は、5歳頃までにある程度形成される。

すぐに否定する人が使う「でも」「だって」などのD言葉

相手のネガティブな言動に巻き込まれないようにする

家族や恋人に、「今度、新しくできたショッピングセンターに行こうよ」と言ったら「え～、でも行ってもどうせ混んでいるでしょ」と、否定されたことはありませんか？　よかれと思って提案したにもかかわらず、このような返答をされてしまうとあまり気分のいいものではありませんね。

「でも」「だって」「だけど」「だったら」など、だ行から始まる否定的な意味を含む言葉を、**D言葉**といいます。これらを頻繁に使うからといって、明確な反対意見があるというわけではありません。大筋では賛成しているものの、小さなところで文句を言っているのです。

とくに、「だって」は、相手に責任を押しつけるニュアンスを含んでいるため、言い訳ばかりして自分の主張しかしないわがままな印象を受けてしまいます。

このようなD言葉を浴びながら会話をしていると、不快な気分になり、やがて「あの人と話しても、どうせ否定されるしな」と、連鎖的に自分の意識もネガティブになってしまいます。それらを打ち消す働きかけが必要になります。

KEY POINT

- ◎ D言葉を使う人は文句を言いがち
- ◎ D言葉はネガティブな意識を刷り込まれる
- ◎ 共感、同調しながら打ち消す働きかけを！

Dのスパイラルに打ち勝つ方法

「でも」「だって」などのD言葉は、相手を不快にさせる可能性があります。また、自分自身もネガティブな意識を刷り込まれてしまうおそれもあります。会話のキャッチボールのなかでは、言葉の使い方に気をつけましょう。

①D言葉を使う前に、「すみません」「失礼しました」に置き換える

✕ 「だって」「でも」を使って断る。

今日中にこの書類
やっといてくれ
でも、俺、この後
予定あるんすよ

○ 謝罪の言葉を前置きして、具体的な解決策を提案する。

今日中にこの書類
やっといてくれ
すみません。本日は
立て込んでおりまして、
明日でもよろしいですか？

②相手がD言葉を使ってきたら、意見に同調しつつ、打ち消す

✕ 「どうせ」に同調したまま自分もD言葉を使用する。

どうせ負けるよ
負ける負ける

○ 一度、相手の意見に同調、共感した上で打ち消す一言を投げる。

どうせ負けるよ
確かに相手は強いけど
まだ望みはあるよ！

D言葉を何気なく使っていませんか？ 頻繁に使用していると、相手に不信感を抱かせ、次第に相手にされなくなります。また、そのような人と一緒にいると自分自身もネガティブな意識を刷り込まれてしまう可能性があります

COLUMN

派手な格好は不安の表れ!?
ファッションからわかる心理

他人の心理は、ファッションから推し量ることもできます。

心理学では、自分の身体についてのイメージのことを身体像といい、身体像と外の世界の境目を「身体像境界」といいます。基本的には皮膚のことを指しますが、衣服やアクセサリーなども含まれます。いわば、外敵から自分の身を守る“鎧”のようなものです。

身体像境界がハッキリしている人は、「自分」という存在に自信を持っているため、周囲に対しても余裕を持って接することができます 。逆に、身体像境界が希薄な人は自分の存在を矮小化してしまうため、自分に自信が持てず、“鎧”が足りないと感じます。そこで、派手なファッションで着飾ることで、“鎧”を補強しようとするのです。 つまり、いつも派手な格好をしていたり、高級ブランドを身にまとっている人は、自分に自信がなく、不安を感じているといえます。

また、流行りの服をよく着る人には、「取り残されたくない」「みんなと同じでいたい」という斉一《せいいつ》性《せい》の心理が働いています。こうした心理作用は、流行に敏感な若い女性によく見られます。ファッション雑誌などで人気モデルが着用した服やバッグが大人気になることがありますが、これも「憧れのあの人と同じオシャレなファッションをしたい」と思うのと同時に、「みんなと同じでいたい」という心理の表れでもあるのです。

そして、ファッションアイテムとしてサングラスを着用する人がいますが、これは目を隠すことで、本心を隠そうとする心理の表れでもあるとされています。サングラスで目を隠すと「相手に本心を見抜かれる」という不安が消えるため、心理的に優位に立つことができます。そのため、普段は物静かな人が、サングラスをかけた途端に饒舌になるという例も少なくないのです。

第2章

職場の心理学

職場には、同僚、部下、上司、取引先と、さまざまな立場や、性格の人たちがいます。また、職場では評価したり、されたりと、ストレスを感じることが多いでしょう。自分と他人のココロのしくみを知ったうえで上手に周囲と付き合っていくのがオススメです。

同期が先に昇進しちゃった！ このモヤモヤどうしたら……？

そう言われてもやはり複雑な気分でずっとすっきりしないいんです
それがなくなるのは悔しさや劣等感がなく成長欲求がないということになるよ
そういう人に仕事は任せられないし昇進なんてもってのほかだ
なるほど劣等感を持つ事は自分の成長につながるのか
でもその劣等感をうまい具合に消化できないいんです
そもそも劣等感とは他人のいいところが自分になく嘆く事だよね
——その言い方を変えると
劣等感を抱く人は人の長所がわかるように自分の長所も見つけられるはずなんだ
自分のいいところ？
相葉さんは昇進した瀬戸さんのどんな所に劣等感を持ったんだい？

……あいつはリーダーになったプロジェクトが上手くいって昇進した
僕も関わってはいたんだけどリーダーシップや行動力はまるで適わないんです
僕なんて臆病だし行動も遅いし……
ほらまた自分を落とすような思考になってるね
それに自分が「臆病」だと思ってる部分は「慎重」という別の見方ができるし「行動が遅いこと」は「几帳面で丁寧」ともいえる
大事なのは自分に備わっている資質をどう見るかなんだよ
たしかに僕はコツコツと丁寧に仕事するほうかも……
資質…
考えてごらんよ相葉さんは将来的に会社にどうやって貢献したいと思っているの？彼のような行動力？マネジメント力？違うだろう？
………

そうか……
僕は……今までずっとつまらない事で悩んでいたのかもしれない
あいつに悪い事したなぁよそよそしく接したりして
相手と同じステージで競うより——君には君の強みややるべきことがあるだろう？
僕がサラリーマン時代のときも劣等感で自己評価の低い人間たちが固まって
他者の足を引っ張ったりしたよ
〝集団の同調行動〟と言うんだ
高
普
低
でもどうせ固まるならお互いを高め合えるような良い仲間をつくろう
僕
次にあいつに会ったときには気持ちよく接します
そうだねそれに自分では劣等感を抱いていても
案外人からの評価って高かったりするんだよ
一度相手と腹を割って話すのもいいいね

カラン
おや いらっしゃい 瀬戸さん
あっ 相葉もいたのか お疲れ！
お……おう！
瀬戸さん昇進したんだってね おめでとう！ ちょうど今 相葉さんとめでたいって話をしていたんだよ
瀬戸…… 昇進おめでとう
ありがとう ……でもな
正直 昇進できたのは俺ひとりの力じゃなく 相葉の力が大きいと思ってるよ
お前のバックアップで安心できたからこそ 俺はプロジェクトを動かすことができた
……結果 プロジェクトが成功し チームリーダーの俺が恩恵を受ける事になったんだ

お前がしっかり
立ち回ったから
評価されたんだよ
…でも
ありがとう
気持ちは受け取るよ
お前のきめ細かな
プランニングが
あってこそだ
俺には到底
真似できないよ
マスターが
さっき言ってた
話と同じだ……
ひそ…
そうですね！
……お前はお前の持ち味
僕は僕の持ち味で
結果を残せればいい
今後もお互い
頑張ろう！
ああ
今回は借りに
させてくれ
必ず返すからな
Oasis
じゃあ僕も早く
昇進できるように
上司にいい評判を
吹き込んでくれよ！
なんだよ？
ゲンキンな
奴だな
ははは
Oasis

他人と比べて優劣をつけてしまうのはどうして？

優劣をつけるのは成長していく上で大切なこと

私たちは上司や部下、同僚など、多くの人と共に仕事をしています。そのなかで、つい他人と自分の能力を比べてしまうことはありませんか。

たとえば、入社時は同じスタートラインに立っていた同僚が自分よりも先に昇進や賞賛されると、「どうして同じ時期に入社したのに差がでてしまうのだろう」と比べてしまい、落ち込んでしまうことがあります。また、同僚の昇進を素直に喜べない自分に嫌気がさしてしまうでしょう。

多くの職場では、相対的な評価基準を設けているため、自己評価も相対的なものになりがちです。しかし、相対評価は自分の成績や位置を集団の中で明確にでき、競争心を煽ることができる半面、個人的な目標をたてにくいため、能力向上に結びつけにくいのです。

他人と比べること自体は決して悪いことではありません。なぜなら、悔しいと思う気持ちがさらなる成長をうながすからです。また、個人の能力を確実に向上させていくには、相手と比較しない絶対評価や、自分の個性を発達的にみる個人内評価で自分自身を評価するとよいでしょう。

KEY POINT

◎ ライバルがいることで競争心が芽生える

◎ 相対評価、絶対評価などそれぞれに適した対応を取ることで成長の度合いをはかる

評価の種類とそれぞれの長所・短所

個人の評価には相対評価、絶対評価、個人内評価など、さまざまな種類があります。評価の仕方はひとつではないということを覚えておきましょう。

相対評価

すでに存在している評価基準にしたがい、集団内において相対的に評価すること。評価の基準はしっかりしていて、自分の能力の位置が明確な半面、「あの人は営業が苦手だけど、飲み会の幹事は得意だ」といった個人の特性が埋もれるというデメリットも。

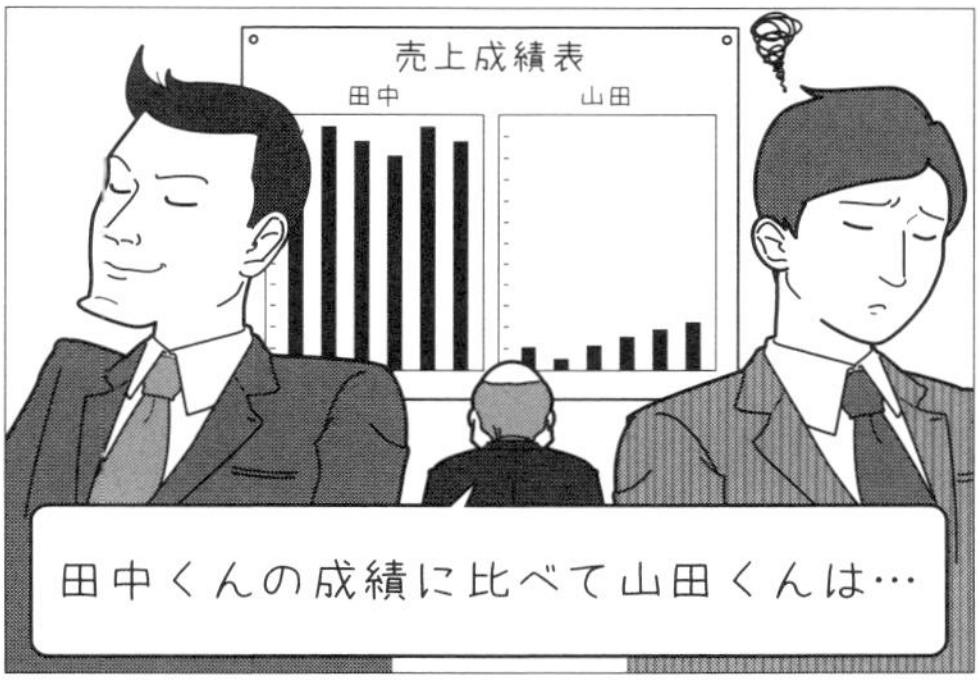

売上成績表
田中
山田
田中くんの成績に比べて山田くんは…

絶対評価

絶対的な基準に照らして、周りの人と比較せずに見ていく方法。個人の特性が反映されやすい半面、評価する側の主観的な判断が投影されやすい。たとえば相性が悪い上司から不当な評価をされることも。

売上成績表
田中
山田
売上がいいのは田中くんだが、山田くんのおかげで社内の雰囲気がよくなってる

個人内評価

他人との評価ではなく、自分の個性を総合的に把握して発達的に評価すること。たとえば、過去に受けた苦手な分野のテストと同じ内容のテストを受け、前回より点数がよければ成長したと実感することができる。性格や行動など個人を多面的に見る必要がある。

売上成績表
田中
山田
まだまだ売上は低いけど
先月よりよくなってるぞ！！

第2章 職場の心理学

職場と自分の心理学

ストレス社会で自分を見失わずに前進するには？

自分のことを評価してくれる人を見つけよう

自分では「よくやった！」と思ったのに、上司や同僚からは評価されず、「相手に嫌われているのかな」と不満を感じたことはありませんか？　これは、評価するものさしが人によって異なるのが原因ですが、この違いを理解していないと、「何でわかってくれないんだろう」という猜疑心が芽生えてしまいます。もちろん、自分の価値観は大事ですが、仕事をやるにはチームワークも大事です。評価の基準を把握し、周囲に合わせていくことが大切です。

しかし、ときには自分の意志を曲げる場面や、ストレスを感じることも出てくるでしょう。それでも前に進むには、自分のことを評価してくれる〝支持者〟を得ることが重要になります。**家族や恋人、友人など、たとえひとりでも「大丈夫だよ」と味方してくれる存在が安心感を生み、自分を強くしてくれます。**この〝支持者〟を見つけるには、一歩踏み込んだコミュニケーションが重要です。現代社会では「嫌われるかも」という不安が、そうした付き合いを敬遠させるようですが、そこを突き破る勇気が必要になります。

KEY POINT

◎ 自分の支持者の存在が、落ち込んだときも前向きな気持ちにさせてくれる
◎ ときにはぶつかり合うことも必要

自分を評価してくれる人とのコミュニケーションをはかる

職場や家族に友人など、人はさまざまな相手と関係を形成して生きています。人付き合いで悩むことが発生しても、「この人は自分の味方でいてくれる」という安心できる存在がいれば、人は強くなれるものです。

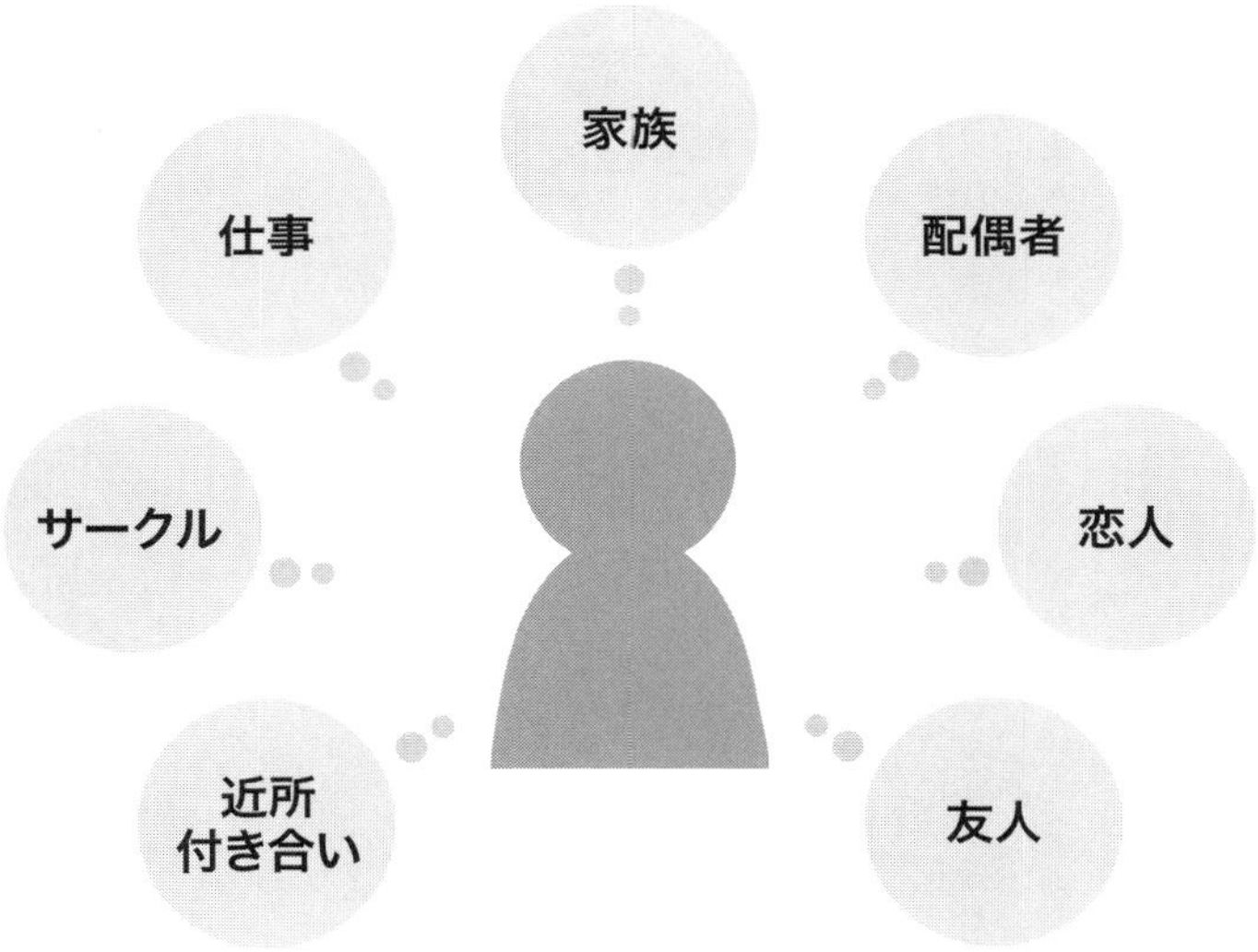
家族
仕事
配偶者
サークル
恋人
近所付き合い
友人

人はいろいろな集団に所属している

たとえば職場の対人関係や近所付き合いで悩んだり、恋人とのすれ違いでケンカをしたり、所属する集団ごとに悩みも発生します。落ち込む出来事もあるかもしれませんが、そのなかで自分のことを信じて味方になってくれる心強い存在がいることが、自分を強くしてくれます。

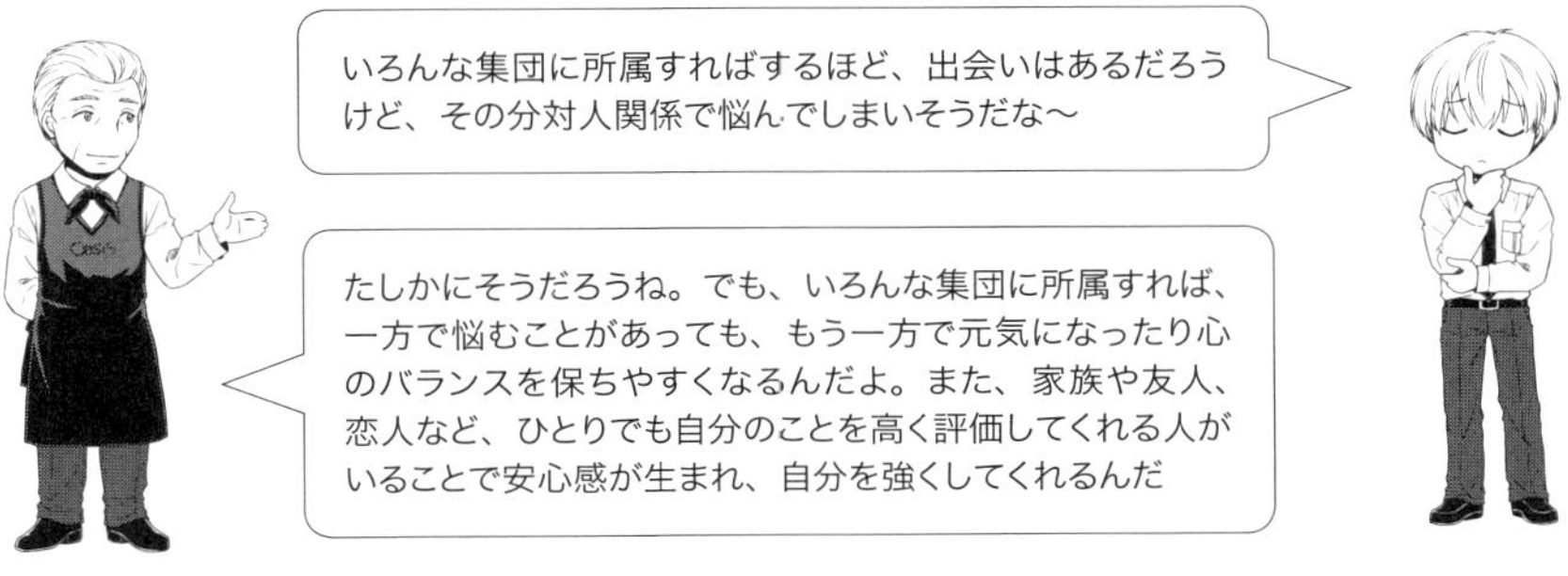
いろんな集団に所属すればするほど、出会いはあるだろうけど、その分対人関係で悩んでしまいそうだな～
たしかにそうだろうね。でも、いろんな集団に所属すれば、一方で悩むことがあっても、もう一方で元気になったり心のバランスを保ちやすくなるんだよ。また、家族や友人、恋人など、ひとりでも自分のことを高く評価してくれる人がいることで安心感が生まれ、自分を強くしてくれるんだ

自分を罰する人は実は自分を守ろうとしている

失敗しても自罰感情にとらわれず前向きに問題を解決する

「失敗は成功のもと」というように仕事で失敗をするのは、決して悪いことではありません。とくに青年期は人生のなかでもっともチャレンジ精神が旺盛で、「失敗してもいいからやってみよう」という**要求水準**※が高くなります。

しかし、最近は失敗を繰り返すことで自信をなくしてしまうことをおそれ、若いうちから確実に成功する手段を選びがちな人が増えています。

一方、勇気を出して挑戦したものの、失敗してしまい、責任をすべて自分でかぶろうとする人がいます。このようなタイプは、**自罰感情**が強い人といえます。**失敗したことで相手に迷惑をかけてしまったという罪悪感を和らげるために、自分を罰しようとします。**自分を責めているものの、実は自分のことを守ろうとしているのです。

心理学では自己懲罰は、マイナスの感情から身を守ろうとする防衛機制のひとつとしてとらえていますが、自分を追い詰めすぎると心を病んでしまいかねません。失敗をしたときは自罰感情にとらわれる前に、まずは失敗の原因を突き詰めて改善策を探り、次に向けて動きだしてみましょう。

KEY POINT

◎ 青年期は失敗を恐れずチャレンジすべし
◎ 失敗を自分の責任と思い詰めないこと
◎ まずは、原因を探り、次につなげよう

前向きな思考で失った自信を取り戻す

自罰感情が強いと自分を責めてしまいがちです。だからといって人のせいにするのはよくないですが、自分のことを許してあげながらも失敗の原因を探り、改善案を練っていきましょう。

誰しも失敗をしたいとは思っていないはず。しかし、無難な道ばかりを選んでしまっては困難な課題を達成したという成功体験を味わうことができなくなる。これでは、いつまで経ってもスキルや自信も生まれてこないんだ

まだまだ若いうちは積極的に、チャレンジしていくほうがいいんですね

たとえ失敗しても「自分には能力がない」と思い詰めるよりも、失敗の原因を考えるほうがいいんですね。
こういう前向きな考え方が、自分を奮い立たせるのに大事なのかも……

● 自分がまとめ役になって進行していたプロジェクトで部下のミスが発覚してしまった

✕ すべての責任を自分でかぶる

発注数、間違えちゃいました
在
庫
倉庫に空きがないです
全部自分のせいだ

自己評価が低いと、何もかも自分のせいにしようとする傾向がある。この状態が続くとストレスが溜まり、うつ病などを発症させるおそれがある。

○ 改善案（代案）を探っていく

レンタル倉庫をチェックして、
同時にセールの準備を！
今後は発注時Wチェックだ！
ハイッ！

自分を責める前に失敗の原因を探り、どうすれば次につながるかを考えるようにする。改善案（代案）を考えるのは、自分を奮い立たせる効果もある。

KEY WORD

【要求水準】 仕事や課題に対する個人が掲げた達成目標。失敗をおそれずにチャレンジ精神が旺盛だと自ずと高くなり、失敗を避けようとすると低くなる。

自己評価は低いよりも高いほうが絶対にいい！

資格や特技を手に入れて自己評価を高めていく

目標に向かって突き進んでいく過程で、どんな人でも何かしらの壁が立ちはだかるのではないでしょうか。「自分はやればできる。だから、今はダメでも経験を積めば乗り越えられるはず」と考えるか、「自分は何をやってもダメだ。だから頑張ってもムダだ」と考えるかで、その後の道のりは大きく変わっていきます。壁を乗り越え、成功を手につかむのは前者です。そこで、壁を越えていくための方法を覚えておきましょう。

まず、自分のことを価値ある人間と思える心理を、**セルフ・エスティーム（自尊感情）**といいます。アメリカの心理学者であるシュッツによって定義されたもので、これが高い人ほど高いパフォーマンスを発揮するとされています。そのため、「セルフ・エスティームを高める教育が大事だ」と叫ばれるようになっています。

一方、自己評価が低くて「自分は何をやってもダメだ」と考える人は、セルフ・エスティームも低いとされています。こうした思考の持ち主は**「失敗するのが怖い」「嫌われたくない」という思いが強く、必要以上に失敗をおそれる傾向にあ**

KEY POINT

- ◎ 失敗をおそれない人は力を発揮する
- ◎ 得意分野を見つけて自己評価を高める
- ◎ 自己評価と他者からの評価を聞いてみる

り、最終的に伸び悩んでしまうのです。また、もともとは自己評価が高かったのに、スキルや学力が高い人に囲まれ、力の差を見せつけられるうちに自信を失うというケースもあります。

他人と比べて自分の能力の低さを嘆いてしまうのではなく、これらの状況から脱するには、まずは自己評価を高めることから始めてみましょう。

そのためにも有効なのが、自分の〝強み〟を手に入れることです。たとえば、努力が結果に結びつくような資格の取得や、他人が真似ることができない特技などを身につけるのがオススメです。

また、国語が苦手であっても、美術が得意な人がいるように強みはひとつのジャンルに限られたものではありません。自分は何が得意なのかいろいろな方向から探してみるのがよいでしょう。

また、**自己評価と他人からの評価が必ずしも一致しているとは限りません。**もしかしたら、自分が思っている以上に高いということもあるので、自分の評価を聞いてみるのもよいでしょう。

セルフ・エスティームが高い人と低い人の特徴

学校の授業を例にとると、正解かどうかわからないけど、とりあえず手は挙げるという積極的な子は「セルフ・エスティームが高い人」、正解しているけど自信がないから手を挙げないという子は「セルフ・エスティームが低い人」に分類されます。

高い人

何事に対しても積極的に取り組む

失敗をおそれずに新しいことにチャレンジし、失敗してもそのなかから何かを学び、次のチャレンジに活かそうとする。

低い人

傷つくのをおそれて前に出られない

「失敗したら笑われるのでは」「人からどう見られているんだろう」というおそれが先立ち、自分ができそうなことをやろうとしない。

失敗を都合よく解釈する「どうせ」の心理

傷つきたくないから自分以外のものやことのせいにする

仕事をしていく上では、失敗はつきものです。とはいうものの、失敗をしたいと思う人はいないでしょう。では、失敗をしたときどうしますか？

たとえば、ある仕事の企画を立案するとします。ところが努力をしたにも関わらず、ほかの人の企画が採用になった場合、失敗を受け入れられない人は、「どうせ採算のとれない企画だから、やっても損だ」と言い訳をする傾向にあります。

このように**目標達成できなかった現実を「どうせ損をする」**と、**自分の責任ではなく、自分にとって都合のいいように解釈します。**それによって「採用されなかった」という自尊心を傷つけないようにしているのです。この心理をフロイトは、**防衛機制**※のひとつの**合理化**と呼びました。

たしかに、心の負担を軽くするには有効かもしれませんが、失敗を受け入れずに周りの責任としていては、いつまでたっても成長しません。失敗の原因を突き詰めて、再び挑戦を繰り返していくことで人は成長していきます。だからこそ、「できなかった」という現実を受け入れて、次へとつなげていくことが大切になってくるのです。

KEY POINT

◎ **失敗を受け入れず、自分以外の責任にして都合よくするのは傷つきたくないから**

◎ **現実を受け入れることが成長につながる**

失敗を自分の都合のいいように解釈するのは、傷つきたくないから!?

フロイトは、イソップ物語の『酸っぱいブドウ』を引用して防衛機制の合理化の例としたことから、「酸っぱいブドウの理論」と名付けました。

イソップ物語『酸っぱいブドウ』

①

ある日、キツネがおいしそうなブドウがなっているのを見つけた。しかし、高い所になっていたため飛び上がってとろうとするが、全く届かない。

②

怒りと悔しさから、キツネは「どうせあのブドウは酸っぱくてまずいから、食べても損をするだけだ。誰が食べてやるものか」と言い捨てる。

手に入れたくてたまらない目的(欲求)を達成できなかったとき、
自尊心を傷つけないように、
自分に都合のいい理屈で埋め合わせようとする心理メカニズム。

「酸っぱいブドウの理論」と同じく、合理化のひとつに、『甘いレモンの理論』というのもあります。たとえば、テストであまりいい点数をとれなかったけれど、「あのテストは難しいから50点とれたことは素晴らしいこと」と自分自身を過大評価してあげるのです。どちらも現実を受け入れずに、自分の都合のいい理屈でもって自尊心を傷つけないようにしているんですよ

KEY WORD

【防衛機制】 不安な気持ちや体験を避けることで、心理的に安定した状態を保とうとする心理が働くこと。不安定な状態となることを避けるため、無意識的に作用する自我の機能。

自信過剰な部下をどうにかしたい！

Oasis
お……お済みのお皿……お下げしますね
あのテーブルちょっと険悪なムードだったな
仕事のことでもめてるのかな
——話はそれだけですか⁉
じゃあ僕は忙しいのでこれで失礼します！
ガタン
柳谷
（相葉の部下）
カラーン
おい！
なにやら重い空気だったね
すみません……

実は今度
割と大きなプロジェクトを
任されることに
なったんですけど
おっ!
やったね
すごい!
そして
部下のあいつも
参加してるんですが
ちょっと
厄介というか
チームの雰囲気を
乱すことが多くて……
反対だと!?
ここまで進めて
おいて……!
そうだよ
この案で進めるって
皆で決めたじゃないか
僕は最初から別案を
主張していました
でも多数決で
決まってしまって……
納得してませんでした
柳谷!
何を今さら……!
お……おい
皆もちょっと
冷静になれ!
――という
感じで……
彼は何でも
まず否定して
異論を唱え
仲間とぶつかって
しまうんです
なるほど
なかなか扱いに困る
部下というわけだね

仕事ができない奴じゃないんですけど
自分の力を過信してよく大口をたたくんですよ
まわりも僕自身もそれをよく思っていなくて……
……ふむ
自分の能力を過信するのは
自分が平均より優れていると思い込む〝優越の錯覚〟という心理状態のことで
人間誰しも自分は人よりも大体2割くらいは優れていると思っているんだ
優越の錯覚……私にもあるのかな?
そうだね君たちも多少は持っていると思う
そっ……そうなんですか!?
私も自信過剰で生意気な奴と思われてるかも!?
そんなことはないよ
〝優越の錯覚〟というのは脳に元々備わっているメカニズムなんだ

例えば自分は平均以上に運動神経が良いと思ったり
他人と比べれば性格が温厚な部類だろう……とかね
優
並
劣
これは決して悪いことではなく程度の問題なんだ
確かに言われてみるとそうですね
僕たちは「自分は他人より優れているんだ」と適度に錯覚することで自信を持って
未来の目標に向かって生きていくことができる
ある程度の優越感は人間が成長する上でとても重要なことなんだよ
一方〝優越の錯覚〟の程度が小さく
自分の能力を現実的やネガティブにとらえてしまいがちなのは抑うつ傾向の人に多いんだ
そんなことありません
偶然です
まぐれです
自分なんかまだまだです
いつも出来るわけじゃありません
たまたまです
へえ……前向きな気持ちなら心に余裕ができるっていうことですかね
ただ度が過ぎるとちょっと危険なんだ

問題の柳谷さんはおそらく
僕は人より仕事ができる！優秀だ!!
——という心理の程度が大きい事で
他人を見下したり時には無謀な行動に出てしまう事だってあるんだ
じゃあ彼のような心理の人に対してどう接すればいいんですか？
優越の錯覚は物事をうまく進めるうえで手助けにはなるんだけど
自分を過大評価して苦手な分野などのマイナス面に対して見て見ぬふりをしたり
自分なら大丈夫と思ってしまったりする
チームで動いているなら柳谷さんのマイナス部分を客観的に見れるメンバーが補ってあげると良いかもしれない
あとはリーダーである相葉さんのかじ取り次第だね
うっ……プレッシャーだ……
Oasis
チーム仕事ではほかのメンバーと比べて不得意な部分も浮き彫りになるから
柳谷さん自身でそれに気づいて成長することもあると思うよ
時には挫折も必要なんですね……

でも彼のように
異論を唱える
人間も結構貴重
だったりするんだよ
えっ…
そうなんですか？
同じ考えを持った
人たちだけより
少数でも皆と異なる
意見は耳を傾けて
もっと吟味すれば
よりいい方向に
進む可能性だって
あるからね
集団で意思決定をする際
少数者が一貫性を持って
反対意見を続けると
多数者は自信が揺らぎ
判断に変化が生じる
ことがある
これを
〝マイノリティ・
インフルエンス〟
と言うんだ
まるで映画の
タイトルみたい……
『12人の怒れる男』
という映画も
マイノリティ・
インフルエンスの
心理なんだ
今度観て
みるといい
なんだか……
うまくやる方法が
見つかった気がします
映画も
観てみます
カタン
プロジェクト
うまくいくと
いいね
がんばって
下さい！
はい！
よし
やるぞ！
カラン

社内コミュニケーション

自信過剰な人とのコミュニケーションのとり方

扱いづらい一方で少数派の意見でも通す突破力を持つ

あなたの周りに「自分はできる、絶対大丈夫」と思い込んでいる自信過剰な人はいませんか？　職場などの集団のなかでは、意見の対立が起きたり、扱いに困ってしまう場面がしばしば出てきます。だからといって、「大口を叩くのは控えてほしい」とストレートに言ってしまっては、人間関係が余計にこじれるリスクがあります。

自信過剰な人は、無意識に他人と比べて優越感※を得たり、安心する傾向にあるのでしょう。逆をいえば、「認められたい」という気持ちが強くあるのかもしれません。**「絶対大丈夫」と言い聞かせることで、不安な気持ちを隠したり、苦手なものを見て見ぬふりをしているのかもしれません。**

そういう人の弱い部分を知ったうえで、客観的に受け入れることが、上手に付き合う一歩です。「積極的なのは、優秀であることの表れ」と、その人が職場に必要ということを認識しましょう。

また、会議の場で異論を唱えることは議論を刺激し、新鮮な意見を促す効果があります。少数派の意見が多数派に影響を与えることをマイノリティ・インフルエンスといいます。

KEY POINT

◎ 自分の力を過信する人は、「自分なら大丈夫」と苦手分野を見て見ぬふりをしていることも
◎ 客観的な目線でフォローする

マイノリティ・インフルエンス（少数派の影響）

少数派の意見が多数派に影響を与えるマイノリティ・インフルエンスは、モスコビッチの方略とホランダーの方略の２種類があります。

モスコビッチの方略

少数派が自分の意見を主張し続け、多数派に影響をもたらすこと。根気強く意見を主張することで多数派が少数派に理解を示し、やがてその意見に賛同するようになる。下から集団に革新をもたらす。

ホランダーの方略

過去に集団で実績を残した人が、その実績を背景に集団の理解や承認を得ること。カリスマ経営者が“鶴のひと声”で多数派を動かすのは、これに該当する。上から集団に対して革新をもたらす。

会議などの発言の場では、異論を唱えたりしにくいなぁ

同じ考えを持った人たちが集まって話し合いをすると、反対意見が出てこないまま決定することもあるけど、彼らの突飛な発言が、新たなアイデアを生み出す突破口になることもあるんだ

KEY WORD

【優越感】自分が他者よりも優れていると認識することで、得る自己肯定の感情のこと。

社内コミュニケーション

会議で意見を言わず陰で文句を言う人の心理

承認欲求が強いので名差しで発言を求める

会議中は活発な意見が飛び交い、有意義なものにしたいと思うはずです。しかし、発言するのはいつも同じ人だったり、全員が静まり返ってしまっては、やりづらさを感じてしまうものです。チームからの反応が何もなければ、時間と労力を割いた意味を見いだすことができません。ましてや、会議が終わった後に「あの結論はどうしても納得できないな」などと言われても、どうすることもできません。

会議で意見を述べず、後で不満や持論を展開する理由は2つあります。ひとつは、**仕事に対するモチベーションが低いこと**。そして、もうひとつは、**本当は意欲的なのに発言することで発生するリスクや不安を回避したい**という場合です。

このような人たちは実は、自分の意見を聞いてもらって、自分の存在を相手に認めてもらいたいという※承認欲求が強い側面を持ち合わせています。したがって、会議の席においては「キミの意見を聞かせて！」と名指しで発言させることが効果的です。そして、頭ごなしに否定をせずに認めてあげることでやる気が高まっていきます。

KEY POINT

- ◎ 発言しないけど、本当は認められたい
- ◎ 指名することで発言しやすい雰囲気作りを
- ◎ 公言したことは実現に向けて動こうとする

公言することで生産性が上がる パブリック・コミットメント

会議の場で発言しようとしない人は、どうすればいいのかわからない、不安な気持ちを抱いていることがあります。やみくもに発言してもらうのではなく、フォローも重要です。

STEP 1 会議の場で指名して意見や目標を求める

会議の場で発言しないのは、やる気がないという理由だけではありません。「どうしたらいいのかわからない、自信がない」という場合もあります。意見を述べさせるのではなく、意見を求めているというスタンスに徹しましょう。

STEP 2 意見を否定せずに、受け入れる

発言することによって、自分の存在を認めてほしいという承認欲求を抱いていることがあります。たとえ、突飛な意見や目標であっても頭ごなしに否定するのではなく、一意見として受け入れてあげることで安心します。

STEP 3 目標達成のための道筋を立てる

発言することでリスクを負う必要がありますが、「どうすればいいのかわからない」という不安を払拭させるためにその人の意見や目標に対して解決のための道筋を整理してあげましょう。

目標に向けて前進！

自分の意見を明確にしたことで、守らなければメンツが立たなくなる。そこで、目標達成に向けて一生懸命動こうとする心理が働きます。

このパブリック・コミットメントは、部下とマンツーマンで対峙するときにも活用できます。たとえば、部下に仕事を任せるとき、いつまでに、どのような方法でやるのかを口頭でなく、メモ書きなどで提出してもらいましょう。目標達成に向けて動かざるを得なくなりますよ

KEY WORD

【承認欲求】 他人から褒められたり、認められることで自らの存在価値を求める欲求のこと。

社内コミュニケーション

指示待ち部下をどうにか動かしたい

考える余地を与えて、さらに動機づけでやりがいを与える

「与えられた仕事はこなすものの、それ以外の仕事は指示をしないとやらない」「気を利かせた対応ができない」という仕事が受け身的な「指示待ち社員」に頭を悩ませたことはありませんか？

彼らの多くは、実はこれから何をしていいのかわかっていないのです。つまり、この先の展開を予測してどのように行動すればいいか想像できなくて動けないのです。「親の言うことを聞く子がいい子」という風潮が蔓延し、**幼少期から細かく指示されて育った結果、考えて行動できなくなってしまったのが一因とされているようです。**

とはいえ、指示したことはきちんとこなすので、決してやる気がないわけではありません。上司や先輩は「言われた通りにやりなさい」と指示するのではなく、仕事の一部を任せてみて何をすればいいのか段取りを考えさせる余地を与えてみましょう。そして、そのときに「仕事が面白い！」と思わせる動機づけ※を高めることが必要です。

動機づけは**外発的動機づけ**と**内発的動機づけ**に分けられます。とくに、自発的に行動する内発的動機づけを高めることが重要になります。

KEY POINT

◎ 親の言うことに従う子がいい子という風潮が、創造力を奪ってしまう可能性がある

◎ 自らの好奇心ややる気が行動力を生む

外発的動機づけと内発的動機づけ

人に行動を促し、目標に向かって進ませることを動機づけといいます。動機づけには外発的動機づけと内発的動機づけの 2 種類があります。

外発的動機づけ

叱る、褒める、報酬や地位を与えるなど、周囲や環境など外的な要素を用いてやる気を起こさせること。強制力が強いほど、達成動機は強まっていく。

短期的には効果があるんだけど、これでは自分の主体性が失われてしまって長続きしないんだよなぁ……。マスター、どうすればいいのかな？

内発的動機づけ

好奇心や興味などによってもたらされる動機のこと。「もっと詳しく知りたいから、専門職に就きたい」など、自分の意思や願望から生まれ、自分の目的に合致するほど達成動機が強くなる。

そういうときは、仕事の一部を任せてごらん。そこで、成功体験を積んでいくことで、やりがいを見いだせれば、もっと頑張ろうと積極的になるはずだよ

KEY WORD

【動機づけ】 人間をある行動へと駆り立てること。外発的動機づけは「ボーナスのために頑張る」など外部からの刺激で行動すること。内発的動機づけは、「困難な課題をこなせた」とやりがいを見いだすこと。

社内コミュニケーション

やる気がない部下を成長させたい

期待をかけることで人の成長に拍車がかかる

　たとえば、あなたの周りにやる気がない部下がいたら、どのような行動をとりますか？　叱られて伸びるタイプであれば、「たるんでいるぞ。もっと気合を入れろ」と叱咤することで部下は、「上司に認められたい」という心理が働いて仕事に励むようになります。

　しかし、全員が叱られて伸びるわけではありません。叱られることに慣れていない人は、萎縮してしまうおそれがあります。そんな人たちのやる気を高めるのに有効なのが、期待をかけてあげる方法です。

　人は褒められると、誰しも喜ぶものです。たとえお世辞だとわかっていても、気分がよくなります。そして、**褒められ続けるうちに「自分には力があるのでは」と思うようになり、自分の能力に期待を抱き始めます。**やがて結果を出すにはどうすればいいのかを意識することで、本当に能力が上がっていきます。アメリカの社会学者ロバート・K・マートンは、これを**自己成就予言**といいました。

　それとは別に、上司からの期待や信頼に応える

KEY POINT

- ◎ 褒められると自分の能力に期待をする
- ◎ 他者から期待をかけられるとそれに応える
- ◎ 褒めと期待を使い分けやる気を促す！

ため、よりいっそう仕事に励むケースもあります。そして結果的に業績が上がる場合もあります。上司が部下に期待をかけ、部下がその期待に応えようと努力し、成績を上げることを**ピグマリオン効果**※（教師期待効果）といいます。これは、アメリカの心理学者ローゼンタールによって名付けられたものです。

自己成就予言とピグマリオン効果を使いこなすことで、部下の心を刺激し、やる気を起こさせることができます。

たとえば**「この企画は君に任せたからこそ成功したんだよ」と褒めます。**次に、部下に指示を出します。このとき、不安になっていたり、あまり理解できていないようであれば、懇切丁寧に教えたり**「これは君でなければできない仕事だ」と、期待をしている姿勢を示します。**こうした上司の働きかけが部下のやる気に火をつけ、それに応えようと努力するのです。

部下のやる気に火をつける言葉

部下のやる気を引き出すのに有効なのが、「褒める」ことです。褒められると「自分には力がある」と考え、自分に期待を抱き、成果が上がるようになります。

「これは君でなければできない仕事だ」

「○○でなければ」と頼ることで、部下は自分が特別扱いをされているように感じる。そしてテンションが上がり、時には能力以上の成果を挙げることも。

「○○さんが、君のことを褒めていたよ」

直接褒めるよりも、ほかの人を使って間接的に褒めることで、褒め言葉の真実味が増す。第三者を介することで、言葉の効果を高めることを**間接強化**という。

「よく頑張った。次も期待しているよ」

仮に成果が出なくても、その過程を褒めてあげることで、「自分がやってきたことはムダじゃなかった」と報われた気持ちになる。

KEY WORD

【ピグマリオン効果】期待をかけることで、それに応えようとすること。それに対し、期待をかけずに接すると成績や結果が下がることをゴーレム効果という。

社内コミュニケーション

「昔はよかった」と郷愁にふける上司の心理

取り残される不安を回避して優越感にひたる

飲み会の席などでよく、「あの頃はよかったなぁ」「今の時代は便利になったよ、俺たちの時代は〜」と、当時の話を年長者から延々と聞かされたことはありませんか？　人生の先輩の話だから無下にしてはいけないと思いつつも、内心は時計を気にしながら耳を傾けるといった経験は社会人になれば少なからずあることでしょう。

「昔はよかった」と言えるのは、①**苦い思い出は記憶の彼方へ忘れ去られ、よい記憶だけが残った**場合。または、②**「あの苦しい時代をよく乗り切ったな」**という感慨。あるいは、③年を重ねて若者や時代から取り残される不安から逃避するためや、**現実から目を背けたいという思い。**さらに、④「昔はよかった」と言うことで、**「君たちは知らないだろうね」という優越感**にひたっている場合があります。

残念ながら、このような言動を相手に変えてもらう方法を探るのは根本的に難しいことです。しかし、このメカニズムを理解しておけば、飲み会の席などで郷愁にふける年長者の心理も受け入れることができるのではないでしょうか。

KEY POINT

◎ **郷愁にふける人は時代から取り残されると不安になり、目を背けたいと思っている**
◎ **メカニズムを知って適度に対応しよう**

ノスタルジーにひたる中高年の心理

過去に思いを馳せるときに肯定的な感情を指す言葉に「ノスタルジー」がありますが、これは本来、医学用語で、肯定された過去を思い出すことで心理的に安らぐ効果があるといわれています。

つらい記憶はしまい込んで、よかった記憶しか残っていない

過去の大変な記憶などを美化し、自分の思い込みや断片的な記憶で内容をつくり上げ再帰している可能性が高い。

激動の時代をよく乗り切ったな、と自分を褒めたい

大変な思いをしながらも乗り越えた過去の自分を振り返り、感慨にふけるあまりに自分で褒めてあげたくなる。

めまぐるしい時代と若者に置いてきぼりにされたくない

時代の流れに乗れず、もう自分は若くないのだという現実を突きつけられ、不安になる気持ちからの逃避。

追いつけないからいっそ、現実から逃げてしまいたい

若者が知らない時代を生き抜いてきたんだという優越感にひたることで、現実から目を遠ざけて肯定しようとしている。

「望郷」「郷愁」を示すノスタルジー（nostalgie）は、ギリシャ語の帰郷（nostos）と苦痛（algos）を語源とするフランス語なんだ。当初は、17 世紀末に祖国を離れた人たちが心の病にかかることを表した言葉として用いられていたんだ

たしかに、職場の会合でも昔のことばかり話す人はいるな。苦手だったけど心理を理解すれば受け答えも、スムーズにできそうだ

社内コミュニケーション

うまく付き合えない上司との接し方

偏った見方を改めてまっさらな気持ちで見てみる

「いつも上司と意見が合わないな……」など、付き合いにくいと感じる上司がいるとします。人は尊敬できない人物と距離を置いてしまう性質がありますが、なるべく壁をつくって関わらないようにしても限界があるでしょう。このような気持ちだと上司にも伝わってしまい、そのままにしておくと関係が悪化してしまいます。

上司とうまく付き合うのは、仕事をスムーズにすることにつながります。そこで、おさえておくべきは「相手の考えを意図的に変えるのは難しい」ということです。だからといって、自分を押し殺して我慢するということではありません。

また、マイナス思考になると、物事の悪い面ばかりが見えてしまいがちになります。そのことに自分で気付くことが何よりも重要になります。まずは、**さまざまな方向から客観的に相手を見て、自分の偏った見方を改めることを意識しましょう。**たとえば、上司のプライベートの話などを聞いてみると、意外な一面を知ることができ、思い込みは軽減されます。そうすれば、自ずとお互いの気持ちもほぐれていくことでしょう。

KEY POINT

◎ 尊敬できない人とは距離を置いてしまいがち
◎ 相手の考えを意図的に変えることはできない
◎ 偏ったとらえ方を改めてみること

ウマが合わない相手とうまく付き合っていく方法

人の印象は、それまでの出来事や会話などが影響します。そして「あの人はこういう人だ」と認識するようになります（※認知的構え）。何となく合わないと感じたら、一度、思い込みを捨てて視点を変えて見るように意識してみましょう。

①上司に対する印象は、それまでの出来事や会話などから形成される

細かく注意する上司や、口数が少なく何を考えているかわからない上司に対して、何か失敗したら「怒られてしまうのでは」と反射的に思い込んでしまう。

②上司に対する偏った思い込みを捨て、フラットな視点から上司を見る

上司の性格を変えるのは難しいので、こちらの考え方を変えるようにする。

趣味やプライベートの話をすることで、新たな一面を知るきっかけとなる。相手の一部分だけを見るのではなく、多面的に見ることで偏った思い込みを払拭することができる。

苦手意識を持っている上司から注意されたとき、「嫌いだから叱られたんだ」といったように、偏ったとらえ方によって、主観的な思い込みをしてしまっている現象を**認知の歪み**というんだ

厳しい上司や口数の少ない上司は「怖い人」と思い込んでしまいがちだけど、いざ話を聞いてみると実は優しい人だったり……。主観で人を判断する前にまずは相手を知ろうとすることが大切なんですね！

KEY WORD

【**認知**】物事の受け取り方や考え方。

社内コミュニケーション

ベテランの女性社員を味方につける方法

ベテランの女性社員に頼ってその存在価値を認める

女性の社会進出により、ベテランの女性社員も増えてきました。彼女たちは長年培ってきた経験と知識に長けていて、職務だけでなく、社内の人間関係の対応についても細かく指導してくれる人が多いようです。

しかし、それらが裏目に出てしまい、面倒だと敬遠されてしまうケースもあります。

人は無意識的に「人よりも優れている」と、自尊感情を維持しようとする傾向がありますが、

キャリアが長いということで周囲と差をつけようとしているのかもしれません。

というのも、若手社員の入社や、デジタルがビジネスの主流となった現在と昔とでは勝手が違うため、「時代に取り残されてしまうのでは」という不安が芽生えるようになるからです。そうなると、「自分はほかの人よりも劣っているのでは?」と劣等感でいっぱいになり、ときとして感情的になってしまう場合も出てくるようです。

良好な関係を築くには、彼女たちの存在価値を認めて慕っている姿勢を示すことが大切です。そうすれば職場の雰囲気もよりよくなるはずです。

KEY POINT

- ◎ ベテラン社員の経験は、会社にとって必要
- ◎ 長年の経験と知識を頼りにしているという姿勢を示すことで社内は穏やかに!

ベテランの女性社員を頼ることで社内が平和に

彼女たちの長年のキャリアに裏づけされた知識は、会社にとって必要なものです。時代の変化によって「取り残されるのでは」という不安や「自分の存在を認めてほしい」という欲求を満たすことで、社内の雰囲気はよりよくなるはずです。

細かいところまで注意してくれるのは、とてもありがたいことなんだけど、敬遠したくなるときがあるなぁ……

ベテラン社員が培ってきた知識と経験から学ぶことはたくさんあるはず。ちょっとしたことでもいいので、教えてもらうなど頼りにしている姿勢を示してみよう

①存在価値を認める

「どうすればいいですか？」「教えてください」など、頼ることで「ベテランとして必要とされている」と自尊感情を満たすことで職場の雰囲気も穏やかになる。

②慕っている姿勢を示す

「学ぶ」は「真似ぶ」というように仕事ぶりや身につけているものなどを真似ることで慕っていると印象づける。ただし、本当に大切にしているものを真似してしまうと関係が悪化しかねないので注意が必要。

若い社員やデジタルの進出で「必要とされているのかな」と不安になっているんですね。この「必要とされたい」という承認欲求を満たしてあげることで、社内が平和な雰囲気になりそうですね！

嫌われたのかな……？
メールの返事で気持ちがモヤモヤする心理

僕……彼女に何かしてしまったのかな？
自分では心当たりもないし……
楠
（会社員）
渡瀬
（会社員）
そっか困ったな……
……ああよくある事だね
会社って色々と大変なんですね……
会社は色々な人の集まりだからねたまに摩擦も生じるさ
ちなみにこういう時君たちはどうするの？
俺は……気まずいまま引きずるのが嫌だから
何か気に障る事しましたか？って本人に直接聞いちゃうかな
僕は直接聞くのは苦手だなあ
体調や機嫌が悪いのかと思ったりして気にしないようにするよ
二人とも性格がよく出ているね
当事者と面と向かって話すのがベストな対処法だろうし
あまり気にしない相葉さんも身を守る方法としては間違ってない

私だったら……
直接は聞きづらいし気にしないこともできないしで抱え込んじゃうかも
相手に真実を確認しようとせず自分の中だけで思い込んで
相手にひどいことをしてしまった……!
きっと嫌われているんだ……
そのまま相手と接することが一番よくないこれを〝妄想性認知〟というんだ
思い込みがすぎると社会生活にも影響が出てしまう
悪い妄想をしすぎず相手と直接向き合えば妄想性認知は防ぐことができるけど……
メールの場合は表情やしぐさがない文字だけの表現だから妄想性認知に陥りやすいんだ
なるほど
……って聞こえてましたか
すみません……!盗み聞きして盛り上がってしまいまして……
とんでもない!とても勉強になりました
相手に再度メールで様子を伺おうと思ってましたが……やはり直接話します
そうだなそれにお前深野のこと好きなんだろ?
ちょ……!お前何を突然……!

……まあ
この際だから
言うけど……そうだよ
深野さんは同期で
人間としてすごく
尊敬しているし
ずっと一緒に
居たいと思ってる…
だからつまらない
誤解のままにせず
彼女とはちゃんと
向き合いたいんだ
よーし！
そうと決まれば
会社に戻るか
次に深野と
対面したときは
いい笑顔で行けよ
ぼすっ
そうだな…
ありがとう！
皆さんも
カラーン
ありがとう
ございました－
いやあ
若いっていいね
思いっきり
青春してたな
私もあんな風に
言われてみたい
僕だって
まだまだ青春
真っ盛りだよ！
そんな渋くて
落ち着いた青春
ありますか!?
あるともさ！
はははははは

職場の心理学

メールの返事がないと気になってしまうのはなぜ？

コミュニケーション不足を解消して不安を取り除く

メールの返事が来なかったり、素っ気ない返事だと、「相手に嫌われたのかな」「ひどいことを言ってしまった」など、勘ぐったり、モヤモヤした経験はありませんか？　こうした自分なりの解釈によって判断することを、心理学では**妄想性認知**といいます。

このような状況が発生するのは、相手の真意を確認せず、自分の中だけで解決しようとするからです。言い換えれば、コミュニケーション不足が原因で生じてしまう現象ともいえます。とくにメールは文字だけのやりとりになるので、相手の心情を読み取ることが難しいため、妄想性認知に陥りやすくなってしまうのです。

深刻に思い込みすぎると日常生活にも支障を及ぼすので、可能であれば直接話して、真意を確認してみましょう。このとき、「何でメールの返信が遅かったんですか？」と直接的に聞くのではなく、「最近忙しそうですね」など、間接的に聞くことがポイントです。メールしか連絡手段がない場合は、真意と関係のない内容のメールを送ってみて、様子をうかがうというやり方もあります。

KEY POINT

◎ コミュニケーション不足がネガティブな妄想性認知を招いてしまう
◎ 自分なりの解釈よりも相手に確認してみる

イライラが募る!?　妄想性認知の弊害

メールの返事が来ないのは、たまたまメールをチェックし忘れていたり、忙しくて返信できなかった可能性があります。しかし、妄想性認知が働くと、真意を確かめないまま自分で悪い方向に解釈しようとします。

相手にひどいことをしてしまった……
絶対に嫌われている……
仲間はずれにされたのかな……
もうメールを送らないほうがいいのかな？

解決するには……

①相手と直接会う

相手と直に会うことで、たいていの場合は自分の考えが思い込みだったことがわかる

②たわいのないメールを送る

「桜の花が咲きました」など、たわいのないメールを送って様子を見る

相手のことを考えて丁寧にメールを送ったのに、返事がとてもあっさりしていると、「自分のことを嫌っているのかな」と、不安になったり、必要以上に気をつかってしまうなぁ……

私も学校でクラスメイトに挨拶をしたのに、返事をしてくれなかったり、素っ気ない態度で返されてしまうと「何か怒らせるようなことをしちゃったのかな？」と、心配してしまい、いつも以上に顔色をうかがってしまうんです

そうやって気にしすぎると事態を悪い方向へと解釈してしまうことがあるんだ。そうならないためにも思い切って真意を確認したり、様子をうかがったり、コミュニケーションを増やすことが大切だよ。

職場の心理学

チクリと刺さる嫌味をさらりと受け流す方法

傷ついた様子を見せずに落ち着いて対処する

ビジネスの世界では、さまざまなタイプの人と接する機会に溢れています。なかには攻撃的な人もいることでしょう。

たとえば、自分が手がけたプロジェクトに対して「よく頑張ったね。まぁ、自分ならもっとうまくできたけどね」など、嫌味を言われてしまうのはあまり気持ちのいいものではありません。「どうして、あの人はあんなことを言うのだろう」と自分で結論を出そうと考えるほど、心の中には嫌味を言われたことが残ってしまいます。

「嫌味を言われたのは、○○のせいだ」と自分の中で答えを見いだしてしまうと、さらにショックを受け、立ち直れなくなってしまいます。心理学では、これを**自己説得効果**※といいます。

嫌味を言う原因はさまざまですが、①心に余裕のないときに、**「どうせ認められていないし、わかってくれる人なんていない」といった不満や嫉妬心**がある場合、②**自分よりも下だとなめている**場合です。

①は、「誰も味方になってくれる人がいないから、攻撃される前に攻撃しよう」と嫌味を発する

KEY POINT

◎ 不満や嫉妬、余裕のなさからくる場合と、自分よりも下だと見なしている場合がある
◎ 嫌味を言ってもムダだと思わせる対応を！

一方で、「認められたい」「わかってほしい」という理解を求めています。そのため、**相手に嫉妬されないような対応が必要**になってきます。

②は、自分よりも相手のことを下に見ることで優越感に浸る作用があるため、嫌味を言うことが快感になっています。このようなタイプの人は、相手の反応を見て面白がったりする傾向にあるため、嫌味の内容自体には特に意味がありません。なので、**思い切って「どういう意味ですか？」と聞いてみましょう。**繰り返すことで相手も言いづらくなり、嫌味を言われることも減るでしょう。

また、嫌味を言われて傷ついた素振りを見せると、相手は一瞬ひるみますが、傷つけたという自責の念から逃れるために相手のせいにし、逆に攻撃的になる場合もあります。これを**自責の念による反応増幅仮説**といいます。攻撃的になった場合でも気にしない素振りや誠実に聞く姿勢を示すことで「言いすぎたかな」と気にするようになるので、落ち着いて対処するようにしましょう。

嫌味を言われても平静を保つには？

さまざまな人と接しながら生活していくなかで、嫌味を言われてしまうこともあります。そんなときは、嫌味を鵜呑みにせずに落ち着いて対応しましょう。

嫉妬、不満からくる嫌味

失敗したときや、心に余裕のないときほど、攻撃的になりやすい。「本当は自分のことを認めてほしいのに、どうせ誰もわかってくれない」という感情が含まれている。劣等感を刺激しない対応が必要。

相手を自分より下に見ている

嫌味を放つことによって相手の反応を見て優越感と快感を得ている。嫌味を言われたら、うろたえずに勇気を振り絞って「どういう意味ですか？」と、その都度聞いてみると次第に言われなくなることも。

KEY WORD

【自己説得効果】自分自身を説得させた答えは、行動力を発揮して成果が挙がるという作用。一方で、不快な対応をされた原因を自分の中で探し出すと自分を責めたり、相手に対して嫌悪感を持つこともある。

強引な依頼を カドを立てずに断りたい

嫌われるのが恐くて断れなくなる人へ

人から頼まれると、余裕がなくても引き受けてしまう人がいます。相手によい印象を与える半面、「この人なら、何でも引き受けてくれるだろう」と頼み事を繰り返されてしまいます。そして、そのうちストレスをため込んでつぶれてしまうおそれがあるので、あまり得策とはいえません。

断れないのは優しいからと思われがちですが、一方で「相手に嫌われたくない」といった思いから、依頼を引き受けてしまう人もいます。そして「嫌われるくらいなら、大変でも引き受けたほうがマシ」と考え、YESと言ってしまうのです。たとえ、思い切って断ったとしても納得してもらえる理由や誠意などが伝わらなければ、かえって苛立たせてしまう可能性があります。

印象のよい断り方をするためには、「すみません。お手伝いしたいのですが、あいにく本日は先約がありまして。明日でしたら可能です」など、**誠意を込めて謝ります。次に、理由、代替案、その場に適したクッション言葉を添えてはっきりと言葉にして伝えましょう。**そうすれば、不快な印象を抱かせずに済むようになります。

KEY POINT

- ◎ 断らない≒優しい
- ◎ 印象よく断るには、必ず「謝罪」「理由」「代替案」を添えてはっきり伝える

主張をしながらも、不快にさせない スマートな断り方

急なお願いをされると、「頼られているから応えなくては」という心理が働きます。しかし、相手の要求ばかり受け入れて、自分を押し殺してしまってはストレスになってしまいます。不快にさせずに断るちょっとしたテクニックを身につけておきましょう。

OK 主張的反応 はっきりと言葉にして断る

①ひと言添える

目上の相手やクライアントからの依頼は断りにくいもの。「お気持ちは嬉しいのですが……」「大変ありがたいのですが……」など、クッション言葉を交える。

②謝る

依頼を断ること自体は、自分の非ではないので謝りすぎには注意すること。曖昧な応答ではなく、「申し訳ありません。できません」と、はっきり言葉にして伝えることが肝心。

③理由を述べる

理由がある場合はそれを正直に伝えることが重要。「やりたくない」と気が進まない場合は、気持ちが伝わってしまうと、相手の心象も悪くなるので、学校や仕事など自分以外の外的な都合によって断らざるをえない理由を述べる。

④代替案を伝える

「本日は無理なのですが、明日でしたらお手伝いできます」など、代わりの案を提示することで、あくまでも協力的な姿勢だということを伝える。また、別の提案が思いつかないのであれば、一緒に考えるとカドが立たない。

NG

直接的攻撃反応

たとえば、「今日中にこの資料をまとめてほしい」と頼まれたときにすぐに、「無理です！ できません」と理由も添えずに攻撃的に反論すると不快感を与えてしまう。

非主観的反応

断ってしまうと「相手に不快な思いをさせてしまうのでは」と、相手の気持ちを気にするあまり、「この人は何でもやってくれる」という印象を与えてしまい、やがてストレスに。

間接的攻撃反応

断りたい意志があるにもかかわらず、言葉で伝えようとせずに曖昧な返事をしたり、ムッと嫌な顔をしたりして態度で示す。はっきりとした回答がないため、相手を困惑させてしまう。

気乗りのしないデートの誘いを断るときや、飲み会の誘いを断るときにも有効なので配慮のある大人の断り方を身につけましょう

職場の心理学

無理なお願いを人にするときのテクニック

理由を添えて頼むとOKする可能性が高まる

「明日中に膨大な書類をまとめてもらいたい」など、多少の無理を承知で相手にお願いをしなければならない場面があります。そんなときに役立つのが、**説得的コミュニケーション**と呼ばれる心理的な働きかけです。その種類はさまざまあるので、左ページに記したテクニックを、お願いする内容や相手によって使い分けましょう。

また、依頼するときに理由を添えると、了解が得られやすくなります。たとえば、**「書類をまとめておいて」**と言うよりも**「明日の会議で必要だから、この書類をまとめておいて」**と理由をつけたほうが、相手に納得してもらいやすくなります。この現象を**カチッサー効果**といい、心理学者のエレン・ランガーによって証明されたものです。些細なお願いの場合は、内容とあまり関係のない理由でも承諾されやすく効果的です。

また、この理論は、気になる人を食事に誘うときにも活用できます。「食事に行こう」だけでは警戒されますが、「おいしい店を見つけたから」「新しくオープンしたから」など、理由を添えると向こうの警戒心も和らぎます。

KEY POINT

- ◎ 理由を添えることで、たとえ理由がこじつけのようでもOKしてくれる可能性が高まる
- ◎ 頼み上手になれば誘い上手になれる！

説得的コミュニケーションの種類

相手を説得するのに役立つテクニックを紹介します。ビジネスはもちろん、それ以外の場面でも役立ちます。

①フット・イン・ザ・ドア・テクニック（段階的要請法）

「最初に簡単なお願いをされて承諾すると、次に難しいお願いをされると断りにくくなる」という心理を利用する。「1 分だけいいですか」など、ごく小さい条件を提示して相手にお願いする頼み方はイーブン・ア・ペニー・テクニックという。

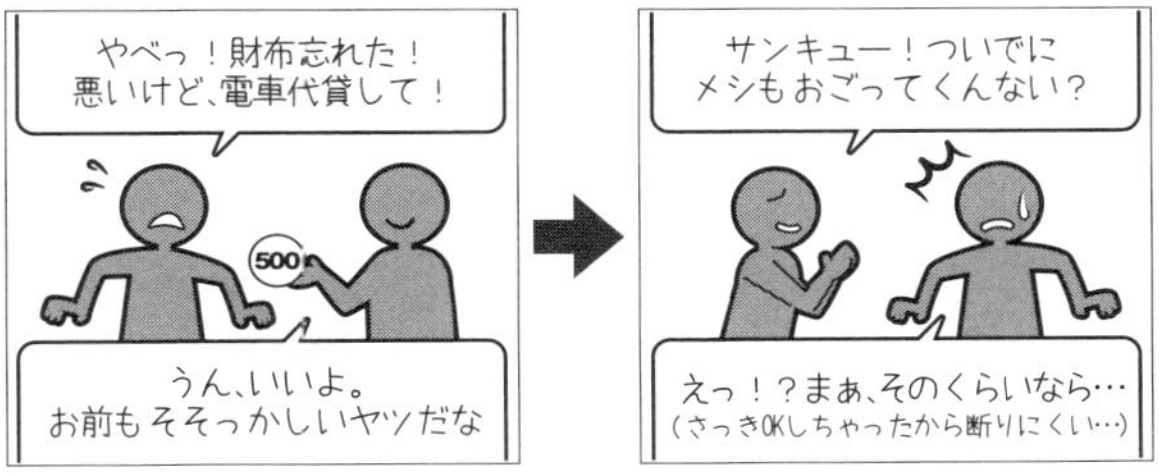

②ドア・イン・ザ・フェイス・テクニック（譲歩的要請法）

相手に断られるのを前提とした依頼をして、断られたら次に小さなお願いをする説得方法。大きな依頼を断ることで後ろめたくなり、小さな依頼を「これくらいなら大丈夫かな……」と引き受ける。

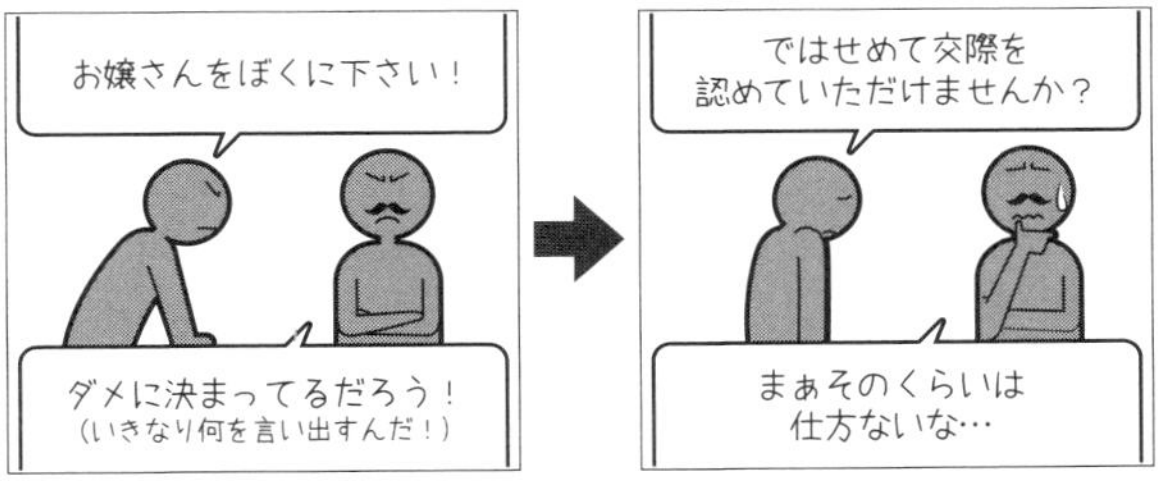

③ローボール・テクニック（承諾先取り要請法）

まずは相手に好条件を提示して、承諾を得た後に不利な条件を付け加える。相手は一度承諾しているので、条件が変わっても断りにくくなる。

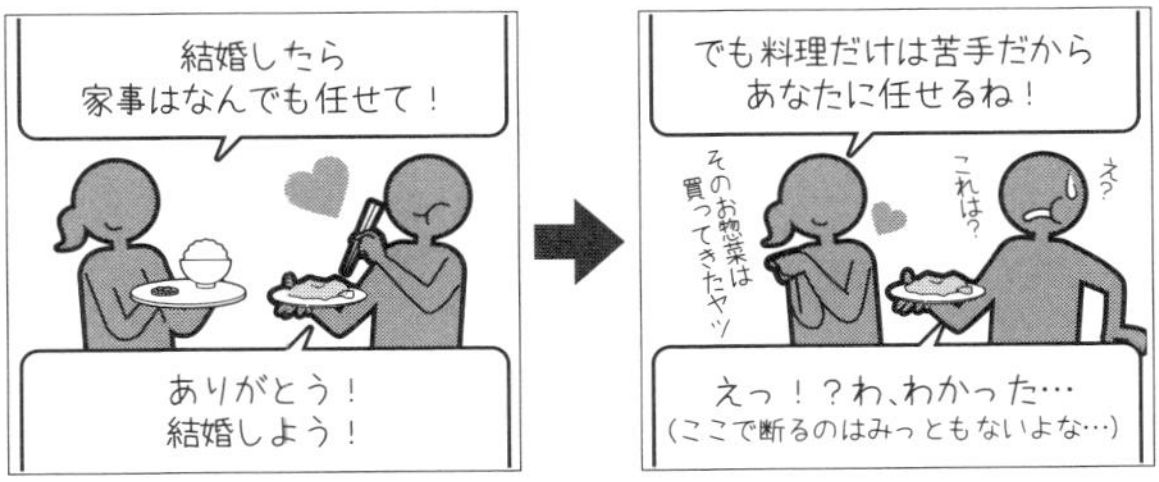

④片面提示

相手に提示するとき、メリットだけを強調して説得する。デメリットがわかると、クレームにつながる可能性も。

⑤両面提示

メリットだけでなくデメリットも提示して、相手から信頼を得ること。説得効果が高まる。

職場の心理学

ランチョン・テクニックで交渉を有利に進める

食べることとの「快体験」がポジティブな印象を与える

飲食をしながら会議や交渉を行い、承諾を得やすくしようとすることを**ランチョン・テクニック**といいます。心理学者のグレゴリー・ラズランが研究して明らかにしたもので、政治家や経営者が高級レストランや料亭で会合を開くのもランチョン・テクニックの一種です。ちなみに「ランチョン」には、「正式な昼食」や「軽い昼食」という意味があります。

食事をしながら交渉を進めることが効果的なのは、おいしいものを食べることで、気分がよくなるからです。この現象を連合の原理※といいます。食事で発生した「快体験」が相手の警戒心を解き、食事中の会話の内容をポジティブに受け止めるようになるのです。そのため、**交渉事など言いづらい内容を告白するときは、相手が心地よいと感じているときに切り出してみる**と、思いのほかスムーズに事が進むかもしれません。

ただし、ガヤガヤしてうるさい、雰囲気が悪いと、逆効果になるおそれがあります。交渉で成功を収めたい〝ここぞ〟というときには、お店選びにこだわるようにしましょう。

KEY POINT

◎ 相手が心地よい体験をしているときは、連合の原理で好意を感じてもらいやすくなる
◎ 言いづらいことは食事中がベスト！

アメリカの心理学者ジャニスの実験

アメリカの心理学者であるジャニスは、イェール大学の学生 216 人を対象に、評論を読ませるという実験を行いました。このとき学生を、コーラとピーナッツを食べながら評論を読むグループと、何も食べずに評論を読むグループに分け、評論に対する反応を調べました。

①コーラとピーナッツを食べながら評論を読む

②何も食べずに評論を読む

①②を比較すると、

飲食をしながら読んだグループのほうが、
評論の内容を受け入れる人が多数いた

という結果が出ました。

朝の食事で結果を生む「パワー・ブレックファースト」

食事で相手の心を惹きつけるランチョン・テクニックは、ランチやディナーで行われることが多いですが、朝食時に会議をしたり、意見を持ち寄るのも有効です。これをパワー・ブレックファーストといい、アメリカではエグゼクティブが朝食をとりながら会議を行うことも珍しくありません。

KEY WORD

【連合の原理】 二つの現象がお互いに関連があるという錯覚をもたらし、心地よい感情のときに聞いた話は、心地よい体験と結びつく。

COLUMN

まずは自分の心を開く

本音を聞き出す会話術

普段からコミュニケーションが活発で、本音で意見をぶつけ合える職場では、上司が部下の話にきちんと耳を傾け、意見を引き出すようにしています。そして、本音を言い合える職場は、そうでない職場と比べて、仕事の成果を挙げやすいといわれています。

では、相手の本音を聞き出すには、どうすればよいのでしょうか？

心理学では、相手の心を開かせるには、自分の気持ちや体験談を語るのがよいとされています。例えば、部下や同僚に対して「悩みがあるならいつでも聞くよ」と言うよりも、「私も最初にあのプランに立ち会ったときは、何をすればいいのかわからなくて、毎日泣きそうだったよ」と、自分の体験談を具体的に伝えるようにします。すると、相手はこちらが心を開いてくれていると感じ、「じつは私も、今そんな状況で……」と本音を打ち明けやすくなります。

また、相手の状況や話題に合わせて、「イエス・ノー」では答えられない「オープン・クエスチョン」と「イエス・ノー」で答える「クローズド・クエスチョン」を使い分けるのも有効です。

なかなか本音を言ってくれない部下や同僚がいる場合は、「どうしてそのやり方を選んだの？」「先方の反応はどうだった？」のように相手が自由に答えられる「オープン・クエスチョン」で話を聞くようにしましょう。他方、事実や相手の考え方を明確にしたい場合は二者択一で答えられる「クローズド・クエスチョン」が有効です。一般的に、相手の本音を引き出しやすいのは、自由に回答できる「オープン・クエスチョン」ですが、相手が答えにくい部分には「クローズド・クエスチョン」を盛り込むなど、両者の特性を活かして、うまく使い分けながら本音を引き出していくとよいでしょう。

第3章

家族の心理学

身近な関係の家族とはいえ、人間関係を見直すことは大切なこと。仲が悪いのはもちろん、仲が良すぎるのも考えもの。親子やきょうだいの心理を理解して、ちょうどいい距離感を保ちましょう。

長男は甘えん坊、次男は自由奔放
きょうだいの性格はどうやって決まる?

うわ、このタイミングで兄貴だよ
ちょっとすみません
わかってるって！何度も何度もいいよ！
俺の都合もあるんだからさあもう切るからな！
すみません大きい声出して
何かあったんですか？
いやいつも兄貴とはこんな感じですよ
きょうだいの年の差はどの位なんだい？
僕が33歳で兄貴は37歳…弟は29歳です
カタン
この兄貴がまあ口うるさくて
さっきの電話は次の連休に実家に行くからお前も顔出せって

僕もたまに様子を見に行ってはいるんですけど……
兄貴からは滅多に来ないとか親不孝者だとかって文句が来るんです
まさに長男という感じだ世話好きのお兄さんなんだね
やっぱりきょうだいのまとめ役という役割なんでしょうか…
ええ……弟は子供の頃から兄貴が面倒見ていたから今でも兄貴に従順なんですけど
僕は昔から何かと兄貴に反発していたから今でも会うとケンカばかりで
ふむ きょうだい関係や家族関係というのは面白いものでね
その構成で色々と見えてくる部分がある
瀬戸さんのような三人きょうだいの場合は
一番早く生まれたお兄さんにはひとりっ子でいる期間があって
その後弟たちが生まれ親を取られたという嫉妬心が芽生えるんだ

確かに……私も弟が生まれたときは嬉しかったんだけど
親がすごく可愛がっているのを見て……少し嫉妬しちゃいました
そんなときに長男長女はどうなるかというと
親に褒められ再び振り向いてもらいたいという気持ちから
両親の言いつけをよく守るしっかり者になっていくんだ
兄貴はまさにそんな感じですよ親にべったりで優等生みたいに
そして次男次女はというと自己主張が強く反抗的な性格になる傾向にあるんだ
ギク
うっ
これは末っ子の面倒を見る役目を長子に取られて孤立してしまい
親の気を引くために問題行動を起こしたり単独行動することが多いからなんだ
弟でもあり兄でもあるという曖昧なポジションだから自分の居場所や地位を確立するために
はっきりとした自己主張の仕方を身につける

たしかに
じゃあ今でも
その流れを
引きずって
いるのかな
本当に仲が
悪いわけでは
ないんですけど
なんというか
兄貴がいると
居心地が悪いんです
それはご両親も
心配してるんじゃ
ないかな
自分たちがいなくなった後
残る子どもたちには
助け合ってほしい
だろうからね
でもね
うまくいかない原因は
きょうだい間だけではなく
親の接し方でも
影響受けてるんだ
親の接し方
ですか
長子が生まれたときは
両親は子育てに手探り状態なの
で熱心で慎重になる
それ以降の子供は
長子の経験があるから
大らかな子育てになるんだ
多分お兄さんの視点からも
瀬戸さんの自分とは
違う部分が気に入らない
のかもしれない
僕だって
仲よく
したいけど
お互いもっと
歳をとれば
変わるのかなとか

うーん 三つ子の魂百まで という言葉も あるくらいだからね
解決策としては〝共行動効果〟と いうものがある
文字通り 共に行動する ということだ
人は単独作業より 他人と作業をして 同じ目標に 向かっていく方が 相手に対して 好意を持つように なるんだ
たとえば実家に 集まったときに 細かい用を 共同で済ますとか
そんな小さい接点を 増やしていくと 〝単純接触効果〟で 好感度が高まっていく
なるほど
共行動は男女間や 職場などの仲間とか 色んな人間関係で使える からオススメだよ
マスターは きょうだい いるんですか？
うん 僕は 8人きょうだいの 末っ子
えっ!?

家族の心理学

人の性格がきょうだい順からわかる理由

長子とひとりっ子は寂しがりやが多い!?

コミュニケーションでは相手をよく知ることが大事ですが、実は生まれてきた順番で、性格をある程度うかがい知ることができます。

きょうだい順で性格が異なるのは、親（養育者）の育て方に起因していることがあります。最初に生まれた子（長子）は、試行錯誤しながらも、一生懸命、大事に子育てをしていきます。しかし、2人目以降となると、親にもある程度の余裕が出てきます。その一方で、長子には「お兄ちゃん（お姉ちゃん）なんだからしっかりしなさい」と、自立を求めるようになります。

長子は親から兄、姉としての役割を押しつけられた結果、何事にも慎重で自制的、神経質な性格の持ち主になります。また、親からの期待も大きく、親の望みを押しつけられ、ときには母親に口ごたえをするというケースも見られます。

しかし、次子を育てるときには、親も子育てのスキルがある程度身についています。そして「長子を育てたときの経験」を活かした子育てをするので、長子ほど過干渉にはなりません。その結果、次子は長子よりものびのびと育ち、快活で要

KEY POINT

◎「お兄ちゃん、お姉ちゃん」という呼び方は知らない間に役割を押しつけてしまっている
◎ 育て方や環境できょうだい間の性格は異なる

領がよくなる傾向にあります。長子からすれば、のびのびした末子が甘やかされていると映るかもしれませんが、末子からしたら、口うるさく親にかまわれている長子のほうが、愛情を注がれていると映るのかもしれませんね。

また、3人目以降になると両親や兄・姉にかわいがられて育つので、わがままで依存心が強い性格になりやすい傾向にあります。

そして最近は、少子化の影響でひとりっ子が増えていますが、**ひとりっ子はあくまで長子として育てられるので、長子的な性格になりやすい傾向にあります。**ひとりっ子というと、「チヤホヤされて育つから、甘えん坊でわがまま」と思われがちですが、必ずしもそうとは限らないのです。

また、ひとりっ子は親が自分のそばにいることが当然という環境で育つため、「ほかの人と一緒にいたい」という**親和欲求**が強く働くようになります。これは長子にも見られる傾向で、アメリカで行われた心理学の実験で証明されています。

きょうだい順で見られる性格の特徴

きょうだい順の性格は、親の育て方によって表れるものです。そのため、親の育て方が異なれば、子どもの性格も変わってきます。

長子

兄、姉としての役割を押しつけられるので、慎重で自制的、神経質になりやすい。そして親の過度な期待に反発し、口ごたえをすることも。

次子

長子ほど過度な干渉はされないので、のびのびと育ち、長子よりも活発で要領がいい性格になりやすい。

末子

親や兄・姉に甘やかされて育つことが多いので、わがままで依存心が強い性格になりやすい。

ひとりっ子

きょうだいで争う機会がないので、相手に何かを訴えようとする意欲がない人が多い。また、親の愛情を一身に受けて育った子は自己受容や自尊感情が高くなり、人当たりがよく積極的な性格になりやすい。

家族の心理学

仲が悪いきょうだいのメカニズムを探る

子どものケンカは親の愛情の奪い合い!?

「家族、きょうだいは仲がよくて当たり前」という観念にしばられていませんか？　きょうだい間の関係がぎくしゃくして悩んでいる人は、最初にこの前提を取り払い、**「たとえ血のつながりがあるきょうだいだからといっても、性格や価値観が一致するわけではない」と考えてみましょう。**幾分、気がラクになるはずです。

また、幼少期は親の愛をめぐるケンカが大半を占めています。2人目が生まれると、それまで長子に注がれていた愛情が次子に向くようになります。すると長子は「親の愛情を奪った」という嫉妬心から、次子に嫌がらせをしたり、親の気を引く行動をとるようになります。この「親の愛情がほかのきょうだいに奪われるのでは……」という不安から生じる敵対心やライバル心を、心理学では※**カイン・コンプレックス**といいます。

きょうだい間の競争心やライバル心は、成長とともになくなりますが、なかには引きずったまま大人になり、疎遠になったきょうだいもいます。こうした状態を好転させるには、どこかへ行くなど一緒に何かをする機会を増やしてみましょう。

KEY POINT

◎「きょうだい同士仲がよくて当たり前」という観念を取り払うべし

◎ 一緒に食事をするなど共通体験をする

カイン・コンプレックスが生まれやすい環境

カイン・コンプレックスは、旧約聖書に出てくるカインとアベルの兄弟の物語にちなんでつけられた心理学用語で、年齢差が小さい同性のきょうだい間で発生しやすいとされています。

年齢が離れた同性のきょうだい

年齢が離れていると、実力の差が明らかなので、ライバル心よりも、憧れや羨望の対象となる。

異性間のきょうだい

男女の性の違いで、できることが違ってくるので、競争心やライバル心は生まれにくい。

年齢差が小さい同性のきょうだい

できることがほぼ同じで、実力も拮抗しているので、競争心やライバル心が生まれやすくなる。

きょうだい間といっても、性格や特徴が違うので、仲がいいのが当たり前とは限りません。とくに同性で年齢が近いきょうだいだと、ライバル心が芽生えやすいといえますけど、お互いを尊重しながらも競い合いながら能力も高め合うことが理想的ですね

KEY WORD

【カイン・コンプレックス】 アダムとイブの２人息子、カインとアベル。兄のカインは神に寵愛を受けた弟のアベルに嫉妬し、とうとう殺してしまったという、旧約聖書に出てくる物語から。同胞葛藤とも呼ぶ。

家族の心理学

仲がよすぎてもダメ⁉ 絶妙な家族の距離感とは？

家族の距離感を適切なものにする

家族は、一緒に生活をする身近な集団です。そのため「血のつながりのある親子だから、何でも知っている」と思い込んでしまいがちです。

家族の信頼関係の基盤になるのが、心の深い結びつき＝**アタッチメント**※（愛着）です。親と子が親密につながることで安心感や信頼感を育んでいく愛着は、3歳ぐらいまでに形成されます。そして、やがて絆へと変わっていくのです。

ただし、この絆も普遍的なものではなく、絶えず変化していくため、いつも一緒にいることが当たり前だからといって、普段から積極的にコミュニケーションをとらないと、親子の距離感の均衡が保てなくなってしまいます。

たとえば、母と子の距離感が近すぎると、父と子の議論であっても、必要以上に母親が子どもを擁護したりと、親子間のバランスが崩れてしまいます。**家族は、「どちらかが味方で敵」ではなく、均等な関係を保って助け合うのが本来の関係ではないでしょうか。**だからこそ、家族との適切な距離を保つためには、お互いを知る日々の些細なコミュニケーションが重要になってくるのです。

KEY POINT

◎ 家族だからお互いのことは何でも知っていると勘違いしがち
◎ 家族だからこそ積極的に会話をするべし

家庭円満のコツは「家族間の距離」

家族は近しい存在であるがゆえに、「コミュニケーションを深めよう」という考えが疎かになりがちです。家族の距離が適度に保てているか、確認しておく必要があります。

円満な家庭

↓

家族間の距離が均等

家族全員が等しい距離でコミュニケーションをとっている家族は、子どもの成長にもよい影響を与え、健全な家庭を築くことができます。

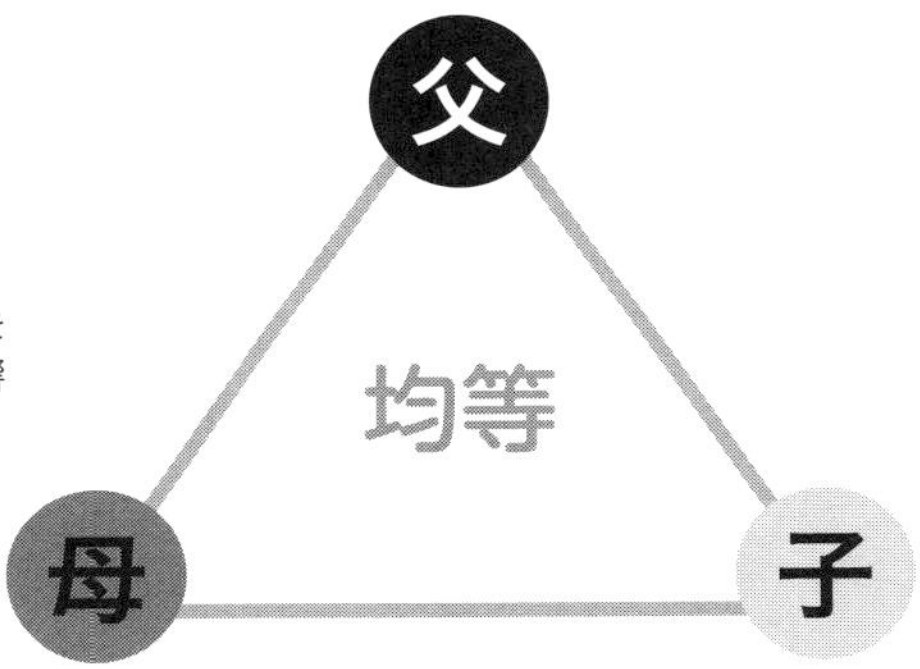

家族は、自分にとってよき理解者であり一番身近な存在ですが、バランスのとれた距離感を保つのが円満の秘訣です

うまくいかない家庭

↓

家族間の距離が均等でない

たとえば、母親と子どもの距離が近く、父親の距離が離れて孤立しているなど、家族間の距離が均等でないと、夫婦間や親子間での問題が生じやすくなります。

たしかに、どちらかとの距離が近すぎると、相手と自分との境界がわからなくなってしまいますね。家族の絆を均等に保つためにも、今日何があったのか話したり、一緒に出かけたりして積極的にコミュニケーションをとることが大切なんですね！

KEY WORD

【アタッチメント】 特定の個体に対して持つ情愛的絆で、もっとも身近で自分の世話を焼いてくれる母親に対して信頼や安心感などの感情を持つようになること。

心配だけど……
反抗期の子どもは信じて見守るスタンスで

カラン
いらっしゃいま…
お母さん！どうしたの!?
来ちゃった亜梨沙……頑張っているみたいね
望月 奈緒子
（亜梨沙の母）
亜梨沙ちゃんのお母さんですか！
どうも初めまして自分がマスターを勤めております高城です
娘がお世話になっておりますマスターさんの事は電話でお聞きしていました
びっくりした近々来るとは言ってたけどいきなりすぎるよ
ごめんね……ちょっとマスターさんに相談があって
マスターさんは色々なアドバイスをくれると娘から聞いてたので

僕で答えられることならお聞きしますけど
お母さん何か悩みがあるの？
息子の…この子の弟のことなんです
晃《あきら》……？あの子何かしたの？
中学二年なんですけどちょうど反抗期で色々と大変で
いつもイライラしたり怒鳴ったりして手がつけられなくて素直な子だったのに
ふむ典型的な反抗期の特徴ですね
その年頃の男の子はある程度仕方のないことですよ
でもこのままではあの子が悪い道に進んでしまうんじゃないかと
そう思うとつい干渉してしまってまた反抗されるんです

心配だと何かの度にかまってしまうと余計にうっとうしいと思われてしまうんですよ
反抗期は子が自立するための第一歩です
ここで親が適切に対応しないといい関係を築くことが難しくなることもあります
そ……そんな
確かに晃は中学生になってから変わったかも
でも私の場合はお母さんというよりお父さんへの反発が強かったような……
一般的には息子→母親娘→父親……という異性の親へという図式が多いみたいだよ
放っておいてくれよ!
お父さん不潔で嫌っ!!
幼少期から成長してこのあたりの年頃になってくると自立心が芽生えてくるから
親に世話を焼かれるのをうっとうしく感じるんだ

成長期は
今まで築いてきた
人間関係を壊し
再び築き上げる
そういう
「スクラップ・アンド・ビルド」を
繰り返すことで社会性を
身に付けていく
大事な時期なんです
そういう時期に
親は子に
どういう対応をすれば
いいんでしょうか？
人間関係は絶えず
変化するということを
肝に銘じておくと
いいと思います
たしかに
何をするにもいちいち
干渉されると嫌だなあ
別に悪いことを
しているわけじゃ
ないから信用して
ほしいって思う
これまで愛情を
注いでいた幼年期から
今度は子どもが大人へと
成長していく
それに理解を示して
〝世話を焼く〟から
〝温かく見守る〟に
意識をシフトチェンジする
それが重要なんです

そうなんだ
たとえば
何をしているの?
もっとこういう風にしなさい!
あんな事しちゃだめよ!
――と執拗に言って行動を支配しようとするのではなく
子をひとりの人間として認めて社会に巣立つための準備を意識した関わりを持つようにするんです
でも……あの子すごく不安定になっているので何か外で悪いことでも起こしたらと思うと……
なにも完全に放っておけとは言いません
お母さんから見てお子さんが不安定だと思ったように
この時期の子どもは親への反発と同時に自分は愛されているのか気持ちが不安定になっています
ここぞというときはちゃんと愛情表現してあげてください
お母さんもちゃんと子離れしないといけないね

反抗期は子どもが自立するため親を乗り越えようとする時期です
親への甘えや依存を断ち切って大人へと成長しようとしている子どもに適度な距離をとって見守ってあげましょう
お母さんからしたら辛いかもしれませんが我慢も重要です
はい
あの子が大人になるためだって自分に言い聞かせます
大丈夫よ晃のことだもの芯は強いから立派になるはずよ
そうね私の子ですからね信用してあげなくちゃ
ということは亜梨沙ちゃんも芯が強いのかい？
た……たぶん！
強いです！

親子の心理学

反抗期は成長するうえで欠かせない「予行演習」

反抗期の子どもは「自分の世界」をつくる

子どもの**反抗期**※というのは、親からすれば「どう接していいのか」と悩む時期でもあります。なかには、「いつまでも素直でいてくれたらいいのに」と願う親御さんもいるでしょう。反抗期の子どもは、日記を書いたり、秘密を持つようになり「自分の世界」をつくりたがる傾向にあります。そこに親が入り込むと、しつこく感じて「うるさい！」と怒鳴ったりしてしまうのです。

しかし、**最近は友達のように仲がよい親子が増え、反抗期がないまま大人になるというケースも増えていますが、やはり子どもが成長するうえで、反抗期は必要不可欠**なものです。それは、社会の荒波に揉まれながらも一人前にやっていくための予行演習にあたるからです。

また、よく親へ八つ当たりするのは、どんなにぶつかっても親は受け止めてくれるという安心感があるからです。そこで親から「愛されている」という実感を持つようになり、反抗期が過ぎると孝行息子・孝行娘になっていきます。子どもが反抗期を迎えたら、まずは「これは子どもが成長する機会なんだ」と考えるようにしましょう。

KEY POINT

◎ 自分の世界をつくる子どもと、無理矢理入り込む親との間で反発が起こってしまう

◎ 親に八つ当たりするのは安心している証拠

反抗期の有無で成人期の親子関係が決まる

反抗期は社会へと旅立つ前の準備段階ととらえましょう。子どもは親に反抗する半面、親に愛されているか不安になっている時期でもありますので、このときの接し方が重要になってきます。

反抗期があった人

思春期

①親に対して八つ当たりする

↓

②親が受け止めてあげる

↓

③親のありがたみを知る

成人期

思春期に親に反抗したことの罪の意識から、年老いた親に孝行するようになる。

反抗期がなかった人

思春期

①親子がいつまで経っても仲良し

↓

②自立に向けた「予行演習」をしない

↓

③社会の荒波に揉まれる

成人期

自立の機会が損なわれたことで、子どもが親に寄生し続ける可能性も!?

親に八つ当たりしたこともあったけど、それは安心感や信頼感があったからなんだなぁ

思春期は、大人へと近づいていく大切な時期だから、それでいいんだよ。あのときに自分を受け止めてくれたことが、現在の親子関係を良好なものにしてくれているんだから。これからたくさん親孝行してあげてごらん

KEY WORD

【反抗期】 好き嫌いや自己主張を始める2～4歳を第一次反抗期といい、心身ともに大人に近づく過渡期。13歳前後（個人差はある）を第二次反抗期という。

子離れがなかなかできない日本の母親

子どもに対して過度な世話焼きはしない

反抗期では、子どもが「自分の世界」をつくり、やがて親離れをしていきますが、親はなかなか子離れができません。というのも、母親は子どもに期待をかける傾向にあるからです。「夫の収入や将来に期待が持てないから、せめて子どもには……」という願いから、子どものことを過剰に気にかけてしまうのです。

子どもと接するときは、反抗期に限らず「見守る」というスタンスが大切です。たとえば、積み木遊びをするとき、崩れる前に「倒れちゃうと危ないからやめなさい」と言ってしまうのは、子どもの自立心の成長を阻んでしまいます。成長を促すには、積み木がいったん崩れてから、正しい積み方を考えさせてあげましょう。失敗することで創造性が養われ、自立へとつながっていきます。

また、自分の価値観を子どもに押しつけるのもよくありません。たとえば、娘に「これを着なさい」と押しつける母親がいます。娘と自分を同一視するあまり、強要しようとしてしまうのです。子どもに対して一方的に押しつけているなら、過度な世話焼きを控えるようにしましょう。

KEY POINT

◎ 反抗期は自分の世界をつくり始める
◎ 母親は心配のあまり過干渉になってしまうが、見守るというスタンスで自立を促そう

日本とアメリカの親の違い

日本とアメリカの母親では、その接し方や育て方は大きく異なります。

日本の親

母親は子どもとの一体感が強く、子どもを自分の体の一部として見る向きがあります。そのため、子どもに親の意思を押しつけてしまうことも。結果、社会に出ると指示がないと動かない「指示待ち人間」になってしまうおそれがあります。

一緒に風呂に入る

父親が小さな娘と風呂に入るのは、日本では当たり前のこと。だがアメリカでは児童虐待と受け取られ、通報されるおそれも。

一緒の部屋で寝る

日本の住宅事情のせいでもあるが、日本の子どもは自分の部屋が与えられるまで、同じ部屋で寝ることが多い。

アメリカの親

アメリカの親は、子どもを生まれたときからひとりの個人として見る傾向があります。そのため、子どもであっても意見を尊重するため、自立も早まるといわれています。

幼少期から部屋を与えられる

アメリカの住宅は部屋数が多いこともあり、幼少期から自分の部屋が与えられる。そして小さな頃から、親子別々で寝ている。

「誰かを見習いなさい」というしつけはしない

日本では「お兄ちゃんを見習いなさい」と誰かを真似させるしつけをするが、アメリカではそういったしつけをする親はほとんどいない。

親子の心理学

仲がよすぎる母親と娘は自立できなくなる!?

お互いを尊重し合う関係が自立への第一歩

最近では、仲がよい母親と娘のことを友達母娘《おやこ》と呼ぶようになっています。母親に過度に依存したり、逆に母親が娘に依存し、**共依存**※の関係をつくり上げていることが多いようです。

しかし、136ページでも述べたように、距離感が近くなりすぎると家族間でのバランスが崩れてしまいます。両者には近すぎるという自覚がありません。というのも、母親との関係のなかで生まれた距離感は、お箸を違和感なく使うように当たり前で、普通のことだからです。そうなると、親から自立する親離れも、子を個人として見る子離れもできにくくなってしまいます。

それらには、**母親が子どもに自分を投影したり、成し遂げられなかった希望を娘に託すことで距離感が近くなったという背景があります。**

お互いを尊重し合う関係と依存し合う関係は異なります。いつかは母娘密着から脱する必要性が生じてきますので、そのためには物理的な距離を置いて、過度な結びつきを断ち切る試みをしていきましょう。そうすることで、心理的にも適切な距離を見いだせるかもしれません。

KEY POINT

- ◎ 友達母娘は共依存の可能性がある
- ◎ 母親は子どもに自分を投影する
- ◎ 親子の適正な距離感を見直すことが必要

親の養育態度とそれによって生じる子どもの性格

子どもの性格は、どう育てられてきたかによって変わると教育心理学者の奥野明が明らかにしました。なかでも、過保護・過支配・過服従・拒否といった養育態度をとると、下記のような性格になってしまう場合があります。

過保護型

子どもの世話をしすぎる

《子どもの性格》

- 生活習慣の発達が遅れる
- 引っ込み思案になりやすい
- 忍耐力が欠如し、神経質になる
- 集団生活に適合できない

過支配型

子どもを支配し、自分の意見を押しつける

《子どもの性格》

- 従順で消極的
- 攻撃的、反抗的な行動に出る
- 逃避（家出・空想・快楽追求など）の行動をとる
- 自主性や創造性が欠如する

過服従型

子どものわがままをすべて受け入れる

《子どもの性格》

- 自己中心的でわがまま、何でも欲しがる
- 退行（幼児の状態に逆戻りする）しやすい
- カッとなりやすい
- 恥ずかしがりや（内弁慶）

拒否型

子どもを拒否し、受け入れない

《子どもの性格》

- 反抗的で攻撃的
- 人に好かれているのか、嫌われているのかが気になる
- 周囲の人々の目を引く行動に出る
- 家出などをする

適度な母娘間の距離を保つには、①ひとり暮らしをさせてみる、②給与の使い方を自分で決めさせる、③恋愛について詮索しない　など物理的な点から距離を探っていきましょう

KEY WORD

【共依存】 世話をしていたり、頼りにされていることで成り立つ依存、被依存の関係。

親子の心理学

父親と娘の関係は一度壊れたほうがよい!?

娘が父親のにおいを避けるのは「同じDNA」を嫌うから

娘が父親に対して独占欲や愛情を抱くことによって、母親に対抗意識を燃やすことを**エレクトラ・コンプレックス**※といいます。「大きくなったらパパと結婚する」と娘が言うのも、父親を身近な異性として見ているからです。この現象も、思春期になると自然に解消していきますが、娘は、父親を避けたり、嫌うようになります。「昔は『パパ、パパ』と言って近づいてきたのに、今は『臭いから近寄らないで！』と言われる……」とボヤくお父さん方も少なくないでしょう。

しかし、これは必ずしも悪いことではありません。娘が父親のにおいを嫌うのは、同じＤＮＡを嫌う近親憎悪によるものだからです。**それは一過性のため、年月が経てば父親のにおいも気にならなくなり、関係も元通りになります。**

一時的に関係を壊し、それを再び構築することを**スクラップ・アンド・ビルド**といいます。新たな関係を築くには必要なことなのですが、娘との接触を避け続けているといつまで経っても関係は再構築されません。顔を合わせたら声をかけるなどして、関係を継続していきましょう。

KEY POINT

◎ 反抗期に娘が父親を避けるのは近親憎悪
◎ 親子関係も常に変化しているので、それまでの関係の再構築が必要

父親が娘との関係を再構築するには?

思春期になると、父親と娘の関係はいったんスクラップ（壊す）されます。そこから新たに関係をビルド（築く）するには、父娘間の定期的なコミュニケーションを継続させることが必要不可欠です。

人間関係はつねに変化していくから、今まで築いてきた関係を一時的にスクラップ（壊す）しないと、新たな関係はビルド（つくる）されないんだ

そういえば、私が反抗期だったときはお父さんとやたら距離を置いちゃっていました。今まで築いてきた関係を壊して、ひとりの大人として新たな関係を形成していくための大切な時期だったんですね！

○ 娘と定期的にコミュニケーションをとる

↓

父娘の間に新たな関係がビルド（構築）される

「おはよう」「おやすみ」とあいさつをするなど、定期的にコミュニケーションをとり続けていれば、やがて父親と娘の間で新たな関係が構築されていく。

× 娘とのコミュニケーションを避ける

↓

父娘間の関係が再構築されない

「声をかけたら嫌われそうだから」「どうせ話しかけても無視されるから」と、娘とのコミュニケーションを避けるようになると、いつまで経っても関係が再構築できなくなる。

KEY WORD

【エレクトラ・コンプレックス】スイスの心理学者ユングによって提唱された心理学用語。エレクトラは、娘が、父王を殺した母親に復讐するというギリシャ悲劇『エレクトラ』からとったもの。

親子の心理学

幼少期の子どもをうまく育てるには？

子どもの行動心理を知ることで自立や成長を促す

「**※三つ子の魂百まで**」ということわざがありますが、乳幼児期の育て方が子どもの性格に影響を与えます。まだ言葉を話せない赤ちゃんは、よく泣きますが、これはぬくもりやスキンシップを求めるサインのひとつです。このサインを見落として不安を与えたりすると、成長した子どもが人付き合いに自信が持てなかったり、不安を抱くようになる、ということを覚えておきましょう。

2〜3歳になると自我が芽生えるようになり、何でも「イヤッ！」と駄々をこねる第一次反抗期を迎えます。そして、成長した子どもは、ウソをつくようになりますが、失敗を隠そうとしたり、自分をよく見せるために見栄を張るなど、自分を守るという目的があります。**「子どもがウソをつくのは自立への第一歩」というように、すべてを「悪いこと」ととらえる必要はありません。**状況によっては、温かい目で見守ることも大事です。

小学校入学の頃になると、集団で遊んだり、ケンカもするようになります。そのなかで、自分の気持ちを相手に伝える術や、相手を慮《おもんぱか》るコミュニケーション・スキルを身につけていくのです。

KEY POINT

- ◎ 乳幼児期の育て方で性格の特性が表れる
- ◎ 子どもの変化や成長過程で芽生える行動特性を温かい目で見守ることが大切

子どもの成長の過程

0歳 ― 誕生

親（母親）にスキンシップやぬくもりを求める

2歳～3歳 第一次反抗期

2歳～6歳

自己中心性

自分と他人が区別できず、他人の気持ちがわからないので、自分中心に物事を考え行動する期間。

6歳～12歳

ギャングエイジ（徒党時代）

小学生になると、同じ年頃の気が合う仲間と遊ぶようになり、人間関係を築いていく。高学年になると性別や趣味の多様化などの影響で、集団は小さくなっていく。

7歳以降

脱中心化

仲間との遊びやケンカを通して、周りの人との協調性や、自分の気持ちの伝え方を学ぶ期間。幼少期の自己中心性が弱まり、他者を認めるようになる。

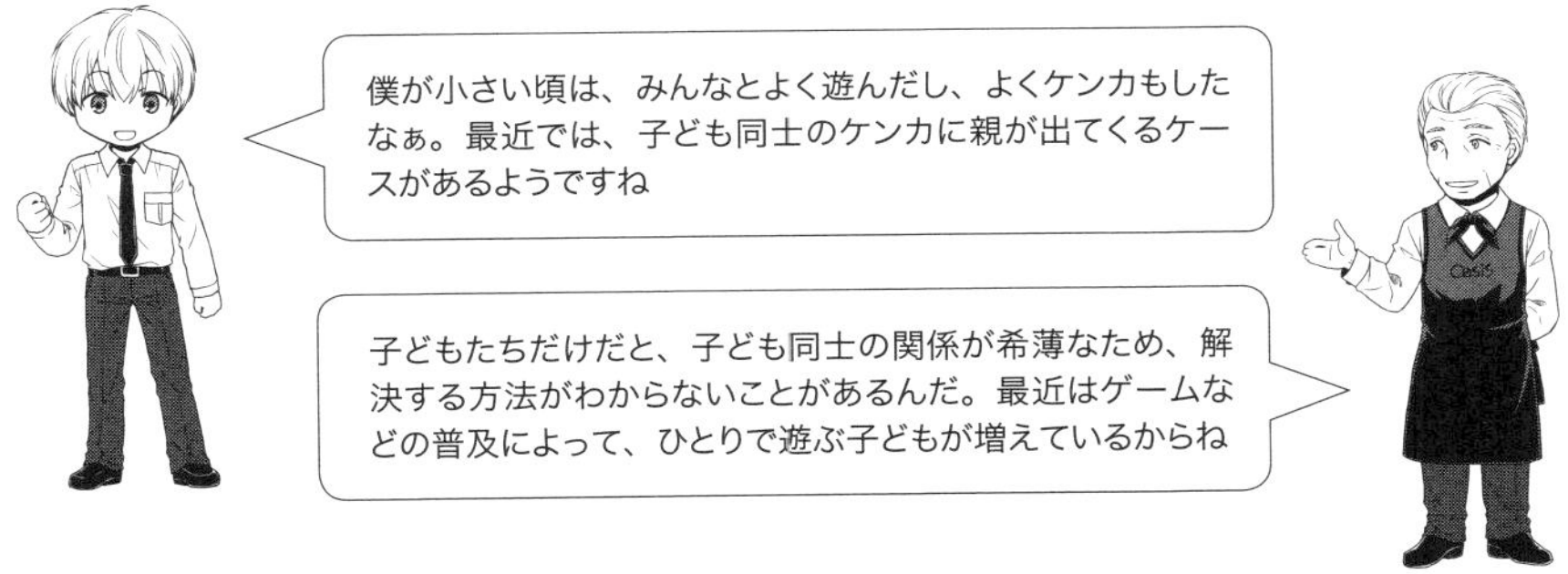
僕が小さい頃は、みんなとよく遊んだし、よくケンカもしたなぁ。最近では、子ども同士のケンカに親が出てくるケースがあるようですね
子どもたちだけだと、子ども同士の関係が希薄なため、解決する方法がわからないことがあるんだ。最近はゲームなどの普及によって、ひとりで遊ぶ子どもが増えているからね

KEY WORD

【三つ子の魂百まで】 三つ子とは三歳の子どものこと。幼い頃に形成された性格というのは、100歳になっても根底は変わらないという意味。

親子の心理学

もしも自分の夫がマザコンだったら……

多くの男性が母親に対して特別な感情を抱いている

「家族を大切にするのは素敵だけど、何でも姑に意見を求めるのは……」と呆れてしまっている女性が多いようですが、たいていの男性は母親に対して特別な感情を抱いています。これは、心理学的にも証明されています。

いわゆるマザコンは「マザー・コンプレックス」の略語です。これは和製英語ですが、マザコンにあたる心理学用語として、**エディプス・コンプレックス**という言葉があります。オーストリアの精神分析学者フロイトにより提示され、父親を殺して母親と結婚したギリシャ神話の王・エディプスにちなんで名付けられたものです。**男児の3～6歳の時期は男根期といい、異性への関心が芽生え始めます。**そして、もっとも身近な異性である母親に性的な関心を示すようになります（**母子密着**）。その一方で、母親のパートナーである父親を、邪魔だと感じるようになるのです。

これが思春期になると、子どもは母親以外の異性に関心を向け始めますが、母子分離がうまくできないと、大人になっても母子密着の状態が続き、マザコンになってしまうのです。

KEY POINT

- ◎ ほとんどの男性は、母親に対して特別な感情を抱いているという認識を持つこと
- ◎ 女性はマザコンの許容範囲を見極めよう

母子分離がうまくいかないとマザコンになる!?

母親の過干渉や両親の不仲、父親が不在の家庭環境などが、マザコン男性を生み出す要因とされています。

3〜6歳　男根期

幼少時の男の子は、何かと母親と一緒にいたがる。困ったことがあったら母親に泣きつく。一緒に風呂に入りたがる。一方で、父親に対しては複雑な思いを抱くようになる。

母子分離がうまくできると……

男の子は母親以外の異性に興味を示すようになり、母親から離れていく。

母子分離がうまくできないと……

進学や就職、恋人選びなどで母親の意向をうかがったり、母親が気に入るかどうかを重視して選ぶ。パートナーよりも母親の意見を重視し続け、仲がこじれることも。

多くの男性は、母親に対して特別な感情を抱いているようなので、女性はその認識を持っておくことがいいかもしれません。もし、自分の旦那さんがマザコンだと思うことがあれば、許容範囲を自分で設けておきましょう

親子の心理学

ライバル視？遠慮する？嫁に対する姑の心理

大切なのは言いたいことを言える雰囲気つくり

結婚をして、新しい家庭を築いていくことは、新たな集団を形成していくことです。最近では多様な家族のあり方が受け入れられるようになっていますが、多くの女性の頭を悩ませるのが姑との付き合い方です。核家族化が進んで、同居しない家族も増えたため、昔に比べて衝突も減っているようですが、どうやって付き合っていけばいいのか悩む人は少なくありません。

１５４ページでも述べた通り、多くの男性は母親に対して特別な感情を抱いています。そして、姑と夫の関係が強すぎると、息子が結婚したときに「大事な息子をとられてしまった」と、嫁をライバル視して嫁姑問題へ発展してしまうのです。

いわゆる「嫁いびり」をする姑の心理として、大きく２つ理由があります。ひとつは、**今までの自分のコミュニティーに、嫁が新たに踏み込んでくることに違和感を覚えてしまう**ためです。

もうひとつは、先述のように**嫁をライバル視してしまう**ためです。これは、息子が新たな家庭を築いて大人になったと喜ぶ半面、「もう自分は必要とされなくなった」と寂しく思う気持ちが働く

KEY POINT

◎ 今まで築いてきた地位を嫁に奪われると不安になることで嫁をいびってしまう

◎ 姑のやり方を真似て慕っている姿勢を示す

からです。そして、寂しさを回避するために、母親を必要とされるように子ども扱いするのです。

　このような姑と付き合うには、まずは彼女たちのやり方を批判せずに踏襲したり、教わる、頼りにしているという姿勢を示してみるといいでしょう。そうすれば「嫁から思いやられている、慕われている」と感じるようになります。

　しかし、**最近では姑が嫁に対して遠慮してしまうケースも増えつつあるようです。**「言いたいことを言って、いびられたと思われたくない」「新たな関係をどうやって築いていけばいいのかわからない」などと、コミュニケーションを積極的にとらないことが要因のひとつとなっています。

　これから先の人生を家族として生きていくためにも、良好な関係を築くのは健全なことです。言いたいことを我慢したままでは距離は縮まりません。そんなときは、マンガの131ページでも紹介した「共行動効果」※を。一緒にテレビをみたり、お茶をするところからはじめてみましょう。

同居するなら「マスオさん型同居」のほうが上手くいく!?

夫が婿養子として同居する例としては、マンガ『サザエさん』のマスオさんが有名です。マンガでも、マスオさんが家庭内でトラブルを起こす場面はほとんどありません。

「マスオさん型同居」のメリット

①住居費がかからない
嫁の実家に住むので、賃貸でない場合は家賃がかからず、経済的にラクになる。

②妻に余裕がある
家事を母親と分担するので、妻にも余裕が出てくる。そのため、夫を気遣う余裕も生まれる。

③育児を助けてくれる
共働きでは何かと育児が大変だが、実の母親が同居していると、いざというとき子どもの面倒も頼みやすい。

④嫁と姑の対立・衝突がない
婿養子が義母と対立するケースは少ないので、精神的にもラク。

たとえ、嫁いびりをしない人であっても、お互いが気をつかいすぎるとむしろストレスになります。言いたいことを言えて、ほどよい距離感をはかることが、円滑な関係を構築する一歩となるんですよ

KEY WORD

【共行動効果】ひとりで作業をするよりも、他人と同様の作業をすることで作業が促進される場合をいう。また、同じ行動をすることで連帯感が生まれやすくなる。

友達家族は要注意!?
家庭円満は“呼び方”から

最近、子どもが親をニックネームや名前で呼んだり、同じようなファッションをしたりと、これまでの家族関係よりも距離感が近い「友達家族」が増えているといわれています。

家族の距離感が近ければ、子どもが親に気軽に相談できる、趣味を共有できるなどのメリットもありますが、これでは「親であること」「子であること」「姉であること」「兄であること」など、家族という集団の中での「役割」を意識しづらくなってしまいます。

やはり家族も「集団」の一つ。普段からそれぞれの役割をしっかりと意識できれば、集団の構造がはっきりするので、円滑なコミュニケーションをはかれます。

そこで、家族内での役割を確認するための方法の一つとして、「呼称」を意識することも大切なことではないでしょうか。

家族内であれば、子どもに「お父さん」、「お母さん」と呼ばれることで、「父親」「母親」である自覚が生まれます。きょうだい間でも、呼び名ではなく「お兄ちゃん」「お姉ちゃん」と呼ぶことで、呼ばれた相手は、自分が「兄」「姉」であることを普段から自覚することができます。

夫婦間では、互いを「パパ」「ママ」と呼ぶと子ども中心の意識が生まれますが、夫婦は“パートナー”という関係性のため、名前で呼び合う方が適しています。子どもの前でも、物心がつくころになったら、パートナーであることを理解させるために、名前で呼び合うほうがよいでしょう。

このような「呼び方」を続けると、普段から自分の家族内での「役割」を認識できます。また、「パートナーであること」「兄であること」「姉であること」などが、他の家族にも伝わるため、“家族”という集団の構造が明確になり、家族集団がよりいっそう円滑に機能していくようになります。

第4章

男女の心理学

恋の駆け引き、恋人、夫婦に至るまで、男女間の思考による行動の違いは多いもの。この章では、男女間に起きるすれ違いや問題を心理学で解決します。違いを知るだけでもお互いの理解が深まりますよ。

異性を意識しすぎちゃダメ!?
ベースは人と人とのコミュニケーションにあり

へぇ　マスターって
男前だし
モテそうだけど
私もそう思います
若い頃は相当
モテてそうって
まあ僕の話は
さておき
話を
そらした
彼女とは
あれ以来
深く話せる仲に
なりました
でも
好きになるほど
もし彼女に拒絶
されたらと思うと
なかなか踏み出せなくて
ヘタレでしょう？
男なんてフラれて
なんぼだよ
いや
フラれたく
ないんだよ
前はもっと自然に
接することが
できていたのに
今は彼女の前だと
あがってしまって
うまく話せなくて
今までより急に
男女間を意識して
しまって空回り
してるのかもね
楠さんは異性との
人間関係を特殊に
とらえすぎてしまって
いるんじゃないかな
そうですかね……
じゃあ僕は今後
どうすれば……
Oasis

そうだね
異性だと意識しすぎず人間対人間の普通のコミュニケーションをとるよう心がければいいんだ
人間対人間のコミュニケーション…
たとえば人は他人から何らかを受け取るとお返しをしなければならないと思う そんな感情を〝返報性の原理〟という
そして相手からの好意に対してこちらも好意的な振る舞いをすることを
〝好意の返報性〟というんだけど同性、異性に関係なく使える心理法則なんだ
ああ…友達が男子に告白されたら自分も相手を徐々に好きになったたって言ってたな…
そもそも「近接性」といって職場などでよく会う相手は単純接触効果によって親密度が高くなるんだ
さらに「類似性」というのもある 例えば地元が同じなど共通点の多い二人ほど結ばれる確率が高いんだ
つまり
相手と自分に共通点があると思わせると
類似性によって好感を持たれやすくなるんだ
なるほど……
なんか少し気が楽になってきました
あまり気負わず自然体でいればいいんだよ！
じゃあついでにデートの上手な誘い方も伝授しようかな
おっ恋愛マスター！

"クローズド・クエスチョン"というものがある
たとえばデートに誘うとき
今度一緒に食事でもしない？
ちょっと予定が入っていて……
と断られてしまう可能性も
今度の土曜か日曜に食事にでも行かない？
――と誘えば相手は
今度行こう土曜
日曜
ではなく
こういう選択肢から考えることになる
一度に二つの選択肢を用意して相手がどちらかに返事をするように促すことだ
マスターもワルよのう
単純なようでなかなか巧妙ですね……
さりげなく使うと効果的なんだけどやりすぎには注意が必要だよ
よし早速メールしてみよう！
食事に誘いたい場合
「今週末にカフェかイタリアンに行かない？」
――と！
そうそう！
飲み込みが早いね
く――！いいなぁデートしてくれる女の子を紹介してくれよ！
おぼんガード！
じゃあ今度は渡瀬さんの恋愛相談かい？

男女の心理学

恋愛に対する苦手意識を払拭するには？

恋愛が苦手な人は対人スキルが低い!?

最近は、恋愛をしない・できない人が増えているといわれています。なかには、一見モテそうなのに、恋をしていないという人もいます。

恋をしたがらない人は、「忙しい、経済的に余裕がない、自分のペースを乱したくない、恋愛以外にも楽しみがある」など理由はさまざまですが、心のどこかに「傷つきたくない」という気持ちが潜んでおり、恋愛に臆病になっています。

一方で、恋愛はしたいけど、いざ異性を目の前にすると極端に意識してしまい、声すらもかけられないという人もいます。そういった人たちは、恋愛を特殊なものとしてとらえがちで、自分で勝手にハードルを上げてしまいます。そしてその結果、「あの人に声をかけるのはやめておこう」と自分で自分にストップをかけてしまい、踏み出せなくなるのです。

しかし、恋愛といえども、家族や友人関係と同じです。思いやりの気持ちで人と交わるということに変わりありません。**極端に意識してしまうことで、「人付き合い」のハードルを自分から上げてしまわないようにすることが大切です。**

KEY POINT

◎ “人付き合い”には、男女は関係がない
◎ 異性を意識しすぎてしまう人は、まずは同性とのコミュニケーションスキルを高めよう

「恋愛離れ」は着実に進んでいる!?

最近は「若者の恋愛離れ」という言葉もよく耳にしますが、結婚相談所が実施した新成人の男女 600 人を対象とした調査によると、恋愛に対する意欲や積極性が年々低下していることが明らかになっています。

Q.1 交際相手がいる

	2000年	2015年
男性	46.5%	23.7%
女性	48.0%	27.7%

2000 年には半数近くの男女に恋人がいたが、現在は約 4 人に 1 人の割合にまで低下している。

Q.2 交際相手がほしい（1で「いない」と回答した人対象）

	2000年	2015年
男性	91.6%	64.6%
女性	88.5%	60.4%

2000 年には 9 割前後の男女が「恋人がほしい」と思っていたが、現在では 7 割を下回っている。

Q.3 これまでの交際人数（2015年度新成人対象）

男性

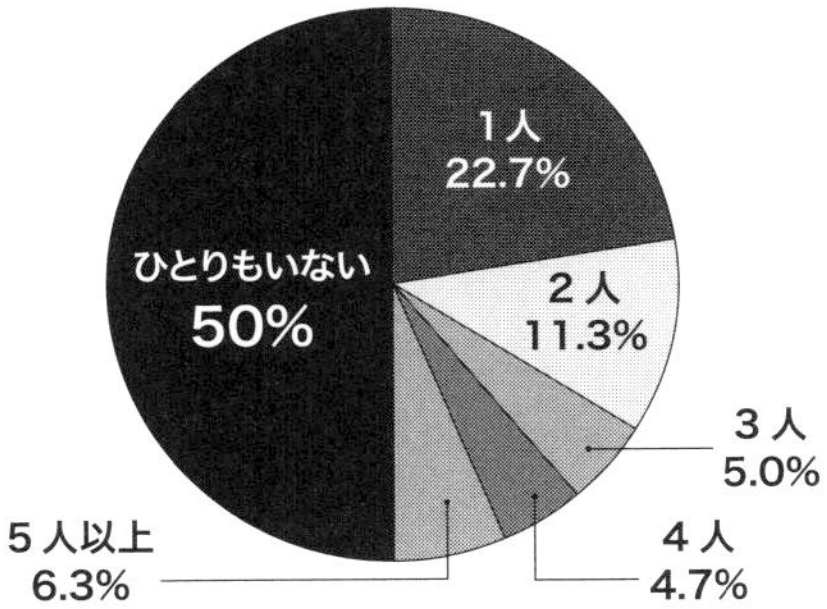
1人
22.7%
ひとりもいない
50%
2人
11.3%
3人
5.0%
4人
4.7%
5人以上
6.3%

女性

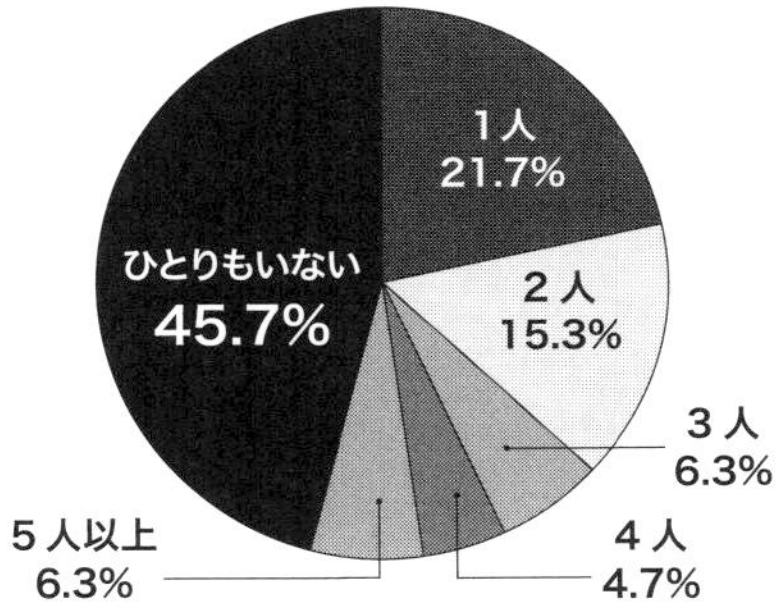
1人
21.7%
ひとりもいない
45.7%
2人
15.3%
3人
6.3%
4人
4.7%
5人以上
6.3%

2015 年の新成人の交際人数は、ほぼ 2 人に 1 人が交際経験ゼロという結果に。
（2015 年 株式会社オーネット調べ）

男女の心理学

自分に合う理想のパートナーとは？

類似点がある相手とうまくいきやすい

異性と気兼ねなく話せるようになったら、いよいよ恋のアタックを仕掛けます。しかし、唐突にデートに誘ったり、猛烈にアタックすればいいというわけではありません。まずは、自分に合ったタイプはどのような相手なのか把握しましょう。

人は、自分と身体的魅力が同じ人や気の合う人と自然に親しくなる傾向にあります。心理学では、この作用を**マッチングセオリー**といい、似通った相手とカップルになることが多いです。この理論はアメリカの心理学者バーシャイドらが研究したもので、ここでいう身体的魅力とは容姿だけでなく、育ってきた環境や学歴、地位、家柄、価値観、趣味なども含まれます。

なぜ自分と似通った相手と惹かれ合うのでしょうか？　一般的には、ルックスがいい人ほどモテると思われがちですが、実はそうでもありません。というのも、自分よりも魅力のある相手を前にすると、「拒否されるのでは」という不安が生じるからです。逆に自分よりも魅力のない相手には、あまり惹かれる要素はありません。よって、自分と同じくらいの相手と意気投合するのです。

KEY POINT

◎ 似た容姿や雰囲気の相手に好意を抱く
◎ 対話から共通性を見いだせば親近感がわく
◎ 相手のしぐさを真似てみるのも手段のひとつ

とはいえ、出会った瞬間に「この人は自分と似ている！」と感じる人はほとんどいません。顔の雰囲気やファッションなどが似ていると、マッチングセオリーに基づいて好意を抱くこともありますが、**多くの場合はコミュニケーションをとることで類似点を見つけ出し、親近感を得てから徐々に相手との距離を縮めていきます。**心理学では**類似性の法則**といいます。

「異性と話せるようにはなったけど、もう一段階上のコミュニケーションをとりたい」「相手に好かれたいけど、やり方がわからない」と思っている人は、この法則を逆手に取り、類似性を自分でつくってしまいましょう。

オススメは、相手の動作や声のトーン、リズムなどを真似する**ミラーリング**です。たとえば、相手がほおづえをついたら自分もついてみたり、喫茶店で相手がコーヒーを頼んだら自分もコーヒーを注文する。これにより相手との距離が縮まり、場合によっては好意に変わるかもしれません。

類似性の法則のメリット

人は自分と共通点や似ている部分が多くある相手に魅力を感じる傾向があります。これを類似性の法則と呼び、相手との距離を縮めやすい3つの特徴があります。

①会話がスムーズ

趣味や性格、価値観といったパーソナル（個人的）な部分が似ているので、話しやすい。

②行動の予測がしやすい

自分と行動や雰囲気が似ているので、相手が何をやるのかが予想できて、親しみを持ちやすい。

③ストレスが少ない

「相手に合わせなければ」という心理的な負担があまりないので、コミュニケーションに支障が出ない。

ミラーリングで相手の行動を真似れば、相手に「自分と行動や雰囲気が似ている人に好意をもつ」という心理が働きます。しかし、やりすぎると相手に不快感を与えるので、意図的にやる場合はほんのりと気付かせる程度にしておきましょう

男女の心理学

相手との距離をもっと縮めていくには？

モテる人は心理法則を無意識に心得ている

恋愛では、「あの人と距離を縮めたいけど、どうすればいいのかわからない」と、アプローチの仕方で悩む人も多いと思います。

心理学には、顔を合わせる機会が増えることで好意的になるという**単純接触の原理**※と、相手を知るほど好意的になるという**熟知性の原則**があります。たとえば、相手がメールを送ってきたらすぐに返事をしたり、誕生日に「おめでとう」のメールを送るなど、マメに接触することで、相手がこちらに興味を示すようになります。

そして、相手に対して好意を伝えることで、相手も本当に嫌な相手でない限り、好意を示すようになります。これを心理学では**好意の返報性**といい、**人の心は相手から向けられた好意の気持ちを同じ分だけ返すようになっています。**そのため、相手に好意を伝えれば、向こうもこちらが気になってくる可能性が高まってきます。

そして、相手に好意を伝えるうえで効果的なのが、相手を褒める（認める）ことです。他人から褒められると、自分を高く評価してほしいという**自己承認欲求**が満たされます。服装や髪型の変化

KEY POINT

- ◎ 相手と距離を縮めるには好意を伝えること
- ◎ 第三者から間接的に褒めると格段に効果的
- ◎ ベタ褒めは猜疑心が芽生えるので注意！

などを、さりげなく褒めてあげると効果的です。

ただし、自己評価が低い相手を直接褒めると、相手が「お世辞を言っている」「遠回しに嫌味を言っている」と解釈し、不快に感じることがあります。そのため、褒めるときには細心の注意を払うようにします。たとえば、友人や知人を通して間接的に褒めると、相手にこちらの好意が伝わりやすくなります。本人から直接聞くよりも、第三者から聞いたほうが信頼できるからです。これは自己評価が低い相手に対しても効果的です。

異性にモテる人というのは、この熟知性の原則、好意の返報性の原則、自己承認欲求を無意識のうちに心得ていることが多いです。しかし、相手が不快に思うほど連絡をしたり、過剰に褒めたりするのは、逆効果になってしまいます。相手と会うのも、連絡をとるのも、褒めるのも、すべてタイミングと距離感が大事です。そう考えると難易度が高いテクニックともいえますが、経験を重ねることで徐々につかんでいきましょう。

相手に好意を伝えるのに効果的なフレーズ例

「髪型変えたんだね。似合っているよ」「それ、新しい服？　いい感じだね」	髪型や服装そのものを褒めるというよりは、変化に気付いたことをアピールすることが大切。
「○○君（さん）って、○○が好きだったよね」	食べ物や趣味など、パーソナルな部分を覚えていてくれると、相手も「自分に関心があるのかな」と思うようになる。
「そういえば、○○君（さん）が、あなたのことをとてもよく言っていたよ」	第三者から間接的に褒められると、直接聞くよりも信頼できる情報として、好意が伝わりやすくなる。

単純に褒めるだけでは、逆効果なこともあるんだね。
たしかに第三者から褒められたほうが嬉しいこともあるもんな～

KEY WORD

【単純接触の原理】顔を合わせる回数が多くなるほど、相手に対して好意的になること。相手を知るほど好意が上がっていくことを、熟知性の原則という。

男女の心理学

自分とつり合わない〝高嶺の花〟に近づきたい

マメな男になって理想の女性を射止める

人は自分と似た相手に親近感がわき、距離が縮まっていきますが、逆に自分が持っていないものを持っている人に惹かれることもあります。これを**相補性**といい、互いの特性を補い合うことを意味します。

男女関係でいえば、相手を支配しようとする**支配欲求**※が強い人と、相手に尽くそうとする**養護欲求**が強い人は、カップルとしてうまくいくとされています。また、たとえば〝高嶺の花〟と呼ばれる優秀で容姿端麗な女性と「この人が恋人!?」というような異例の組み合わせのカップルを見たことはありませんか？　自分より魅力がある相手を好きになっても、「どうせダメだ」とあきらめないで、臆せず一歩を踏み出していきましょう。

〝高嶺の花〟と呼ばれる女性を落とす男性は、マメな人が多いです。**好意の返報性**の原則、**単純接触の原理**、**熟知性の原則**、**自己承認欲求**などのテクニックを駆使していきましょう。また、相手が落ち込んでいるときも、想いを引き寄せるチャンスです。優しく励ましてあげれば、もしかしたら恋愛に発展するかもしれませんよ。

KEY POINT

- ◎ **お互いの足りない部分を補い合える相手に惹かれることもある**
- ◎ **“高嶺の花”には、マメに接するべし**

“高嶺の花”が相手でもチャンスがある!?

優秀で容姿端麗な人にも、意外な“落とし穴”が潜んでいます。そのポイントをつくことで、魅力的な相手と付き合えるチャンスが拡がります。

容姿端麗がモテるとは限らない

容姿が端麗すぎるがゆえに、周りの人が「多分無理だから」と勝手に身を引いてしまいがちに。その結果、お高くとまっているわけでもないのに恋人がいないという人が意外と多いです。

相補性が働いて意外な相手を求める!?

お世辞にもルックスがいいといえない男性に相補性が働いて美しい女性が惹かれることも。たとえば、神経質で几帳面な女性が大らかで包容力のある男性に、自分にはないものを感じて好きになるケースがある。

落ち込んでいるときはアタックのチャンス

失恋したり、失敗して落ち込むと、自己評価が低くなりがちに。そうなると愛情に対して敏感になり、異性からアプローチされると、受け入れる可能性も高くなります。

マメになればチャンスが拡がる！

相手に対して好意を示したり（好意の返報性）、頻繁に連絡をとって会う回数を増やしたり（単純接触の原理・熟知性の原則）、相手を称賛する（相手の自己承認欲求を満たす）など、マメな行動をとることで、女性の心を射止めることができます。

KEY WORD

【支配欲求】相手を思いどおりにしたいという欲求。男性は女性よりも支配欲求が強いとされており、「亭主関白」はまさにこのタイプといえる。

男女の心理学

気になる相手の気持ちが知りたい

ボディランゲージから相手の気持ちを理解する

気になる相手と話す仲になれば、今度はデートに誘いたいと思うようになります。そして、デートをする関係にまでなれば「恋人関係になるのも時間の問題」と思うかもしれませんが、ここで気になってくるのが、「相手が自分のことをどう思っているか」ということです。

そこで、デート中に相手から発するサインを読み解いていきましょう。まず、①体に触れるボディランゲージを**タッチング**といいますが、**女性が男性の体に触れる**のは、脈ありサインのひとつです。また、②**相手が行動を真似るミラーリング**も、好意を寄せている可能性があります。③相手が異性だと距離をとる傾向がありますが、**デートの最中に荷物やバッグを2人の間に置く**のは、自分のスペースを確保しようとしているサインです。④目線にも、「脈あり」サインが隠れています。**相手が好意を持っていれば、自然とこちらの目を見るようになります。**このように、「脈あり」か確かめるポイントはいくつかあります。これらを把握すれば観察力が研ぎ澄まされ、相手との距離も自然に近づけるはずです。

KEY POINT

◎ 相手が自分に対して好意を抱いているかは、しぐさやカバンの持ち方でチェックせよ！

◎ 行動を真似ることで距離が縮まることも

相手からの「脈あり」サインを押さえる

これらの行動は、必ずしもすべてが「脈あり」に当てはまるわけではありません。とくに意識はしていないけれど、たまたまこうした行動をとっているという場合もあるので、“勘違い”には注意しましょう。

脈ありかも！？　相手のしぐさから距離感を判断

● 相手がタッチングをしてくる（女性→男性の場合）

● ミラーリングの行動を取る（同じ行動をとる、口調のリズムが似ている……etc.）

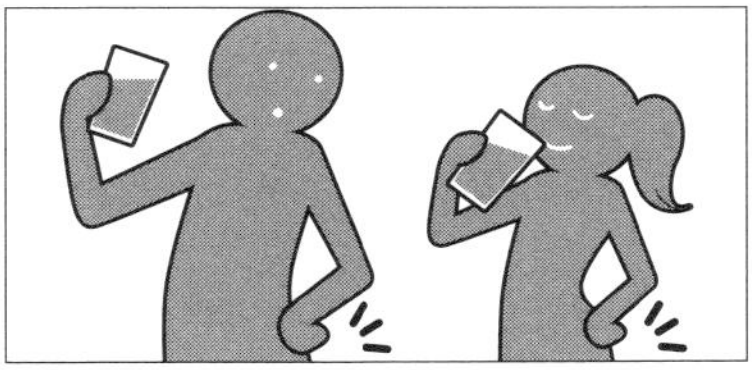

● 距離（パーソナルスペース）が近づいても避けようとしない

● 相手が自分の目を見て話す

● 自分が言った何気ない話も覚えてくれている

● 頻繁に連絡し、会う機会をつくろうとしている

● 「どんなタイプが好み」「休日は何しているの？」と聞いてくる

● 自分のことをよく褒めてくれる

今どこ？　何してるの？
束縛が激しい恋人の心理

カラン
ーこんにちは
いらっしゃいませ
なんか元気
ないね
もしかして
例の同僚さんと
また何か……？
カタン
いえ
あの後
彼女に告白して
付き合えることに
なったんです
すごーい！
やっぱり両想い
だったんですね
でも
なぜそんな
浮かない顔を
まだ
付き合い始めた
ばかりだけど
これまで
知らなかった
彼女の面が出て
戸惑ってるんです
たとえば彼女
けっこう束縛が
激しいタイプで
会社ではいいけど
離れてるときの
電話やメールが
多すぎて
今どこに
いるの？
何してるの？
誰と
いるの？
さすがに毎回だと
少し面倒くさく
なったりもして

ふむ
人は誰かと一緒にいたい誰かと仲よくなりたい——という欲求を持っているんだけど
このことを親和欲求というんだ
彼女はその親和欲求が強いということなんでしょうか?
そうかもしれないね
個人差はあるけど誰もが持っている欲求なんだよ
親和欲求が強い傾向があるのは男性より女性の方長男や長女にひとりっ子
そして社交的な人に多いという研究結果も出ている
たしかに彼女はひとりっ子だと言っていました
彼女はかなり寂しがり屋かもね
特に孤独感や不安な気持ちが高まると親和欲求が人一倍強まりやすいんだ
常に繋がって安心感を得たいんだろうね

でも
度が過ぎると
どうしたら
いいのか…
それは
ヤマアラシ・
ジレンマだね
え？
ヤマアラシ…？
覚えてますっ！
ヤマアラシ同士が
身体を寄せ合うと
互いの針が
刺さるので
初めて説明する
側になれたんで
嬉しそうだね
相手を傷つけず
暖をとるためには
近すぎず遠すぎず
距離をはかるのが
大切なんですよね！
Oasis
恋愛でもお互いが
心地よく思える距離を
見つけていけば
うまくいくと思うよ
だから
彼女からの
メールや電話が
多くても無視せず
適度に返してあげて

ちょっと息苦しいと感じたら時間を置いて返信したりね
ちょっと面倒なときもあるだろうけど彼女を不安にさせないようにね
適度な距離か
付き合いたてで楽しいときではあるんだけど
これからゆっくり最善の距離感を二人でつくっていけばいいよ
はい！
やっぱりマスターに相談してよかった！
羨ましいなあ私もそんな恋がしたい
じゃあこの前一緒に来た渡瀬を紹介しようか？
え？そ……その
私にはその……合わなさそうというかタイプ違いというか
ずざざっ
亜梨沙ちゃん結構手厳しいね
あいつが聞いたら涙目だな

恋人の心理学

束縛の強い恋人とうまく付き合う方法

束縛や独占欲は愛情の一環でもある

異性との交際がスタートした後、好きな気持ちが強すぎて、「相手を独り占めしたい」と束縛しようとする人がいます。ほかの異性と話しているのを見たり見られたりして、少しヤキモチを焼いたり、焼かれたことはありませんか？　しかし、しつこく電話やメールをしたり、友達と遊びに行くだけなのに「浮気だ！」と疑ってしまうのは考えものです。付き合った当初は、それらを好意としてとらえ「愛されている」と実感していたのではないでしょうか。

「好きな人を独占したい」という思いが生じる人は、**親和欲求**※が強い傾向にあります。一緒にいたい相手がそばにいないと**「嫌われたのでは」「浮気をしているのでは」と不安になり、確認のメールを送るなど、束縛をしてくる**のです。まずは束縛や独占を悪いものとしてとらえず、相手の愛情の一種であるととらえてみましょう。

しかし、なかには「いくら相手の愛情とはいえ、すべてに応えてあげられない」と思う人もいるはずです。そんなときは相手の自尊心を傷つけないように、正直な気持ちを伝えてみましょう。

KEY POINT

◎ 独占したがる人は親和欲求の高い人
◎ 行きすぎた束縛を愛情と受け止められなければ、自尊心を奪わないように相手に伝える

いつでも一緒にいたい気持ちがエスカレートすると……

いつでもどんなときでも一緒にいて安心していたいという心理を親和欲求といいます。つねに一緒にいたい思いが強すぎると嫉妬したり、束縛してしまいパートナーを疲弊させてしまうおそれもあります。

親和欲求の強い人の特徴

● メールや電話が頻繁

不在着信
1120件

● 些細なことで嫉妬する

また他の女に親切にしてる！

● 反応がないと余計に不安に

こんなに電話してるのに反応ない…もうダメ…
トイレ入ってただけなんだけど…

● 浮気しているのか不安になる

もしや、浮気…？

心のどこかで「ずっと好きでいてくれないだろう」と不安や自信のない気持ちが潜んでいるため、相手の些細な動向さえも気にしてしまう。

対策

● 「失いたくない」という愛情の一種だということを理解すること

● 連絡を無視すると不安を煽ることになり、悪化させてしまうので遅くても応えること

● どうしても難しい場合は、あらかじめ理由を添えて不安にさせない弁解をすること

KEY WORD

【親和欲求】 ほかの人と一緒にいたい、一緒になりたいと思う欲求のこと。親和欲求が強いと「好かれたい」という願望が強くなり、八方美人にもなりがちに。

男性と女性でウソのつき方は違う!?

悪いウソもあれば いいウソもある

男女の関係だけに限りませんが、私たちは日々の暮らしのなかで多くのウソをついています。ドイツの心理学者シュテルン※はウソについて、「だますことによってある目的を達成しようとする意識的な偽りの発言」と定義しています。

「ウソつきは泥棒の始まり」という言葉がありますが、幼い頃から「ウソをついてはいけない」と教えられてきました。もちろん、詐欺など相手を陥れようとする悪質なウソもありますが、人間関係を良好に保つためのウソもあります。

ちなみに、男性と女性ではどちらがたくさんウソをつくのか、著者が都内の大学生と社会人を対象に行った調査では、女性のほうが「ウソをついた経験がある」と答えた人が多く、ウソに関するエピソードも、男性よりも女性のほうが詳しく覚えているという結果が出ました。

左ページではウソをつく理由の男女別ランキングを紹介しています。男女ともに「予防線」が上位にランクインしていますが、**男性は「見栄」が上位に入っているのに対し、女性は「合理化」や「その場逃れ」が上位に入っています。**

KEY POINT

◎ 良好な関係を保つためにはウソも必要
◎ 男性はプライドを誇示するためにウソをつき、女性は合理化するためにウソをつく

ウソは12のパターンに分類される

都内の大学生や社会人を対象に、どのようなウソをついた経験があるのかを調査した結果、12のパターンに分類されることがわかりました。

①予防線
将来起こりうるトラブルを未然に防ぐためのウソ

②合理化
失敗したときの言い訳

③その場逃れ
苦しい状況から逃れるため、一時しのぎにつくウソ

④利害
自分が得をするためのウソ

⑤甘え
自分を理解してほしい、
味方してほしいためにウソをつく

⑥罪隠し
自分が過去に犯した罪を隠すためのウソ

⑦能力・経歴
自分の立場をよくするために、
能力や経歴を偽る

⑧見栄
自分をよく見せるため、目立たせるためのウソ

⑨思いやり
相手を気にかけてつくウソ

⑩ひっかけ
ウソだとわかっても、
お互い笑い合えるからかいや冗談

⑪勘違い
知識が足りなかったり、
勘違いから結果的にウソとなるもの

⑫約束破り
約束を守れず、結果的にウソとなるもの

※山梨医科大学紀要『対人関係におけるdeception（嘘）』（渋谷昌三）より

「ウソをつく理由」ランキング

都内の大学生や社会人を対象にした調査から算出された、ウソをつく理由のベスト5を紹介。男女ともに、未然にトラブルを防ぐ「予防線」のウソをつくことが多いようです。

男性		男性		女性		女性	
大学生		社会人		大学生		社会人	
1位	その場逃れ	1位	予防線	1位	予防線	1位	予防線
2位	予防線	2位	見栄	2位	合理化	2位	その場逃れ
3位	見栄	2位	思いやり	3位	見栄	3位	合理化
4位	利害	4位	利害	4位	その場逃れ	3位	思いやり
5位	ひっかけ	5位	罪隠し	5位	思いやり	3位	ひっかけ

KEY WORD

【シュテルン（1871～1938年）】ドイツ出身で、ユダヤ人だったため、ナチスの迫害を逃れてアメリカへ移住する。人格についての理論的研究を行った。また、IQの概念の創始者でもある。

恋人の心理学

ウソを見破る女性と見抜けない男性の心理

相手のウソを見抜くには言動や行動に注視する

男性と女性では、女性のほうがウソを見破る能力に長けているとされています。これは、女性が**非言語コミュニケーション**※（ノンバーバル・コミュニケーション）に長けているからです。

人はコミュニケーションをとるとき、言葉だけでなく体の動きや表情といった非言語の手段も用いています。そしてアメリカの心理学者ローゼンタールが行った研究により、**非言語コミュニケーションで相手の感情や心理状態を察知する力は、女性のほうが秀でていることがわかっています。**女性は昔から受け身の立場に置かれることが多いですが、そうした環境が「非言語の行動から感情を読み取る力」を植えつけたようです。そして、男性の何気ないしぐさから、ウソを見抜けるようになったと考えられています。一方、男性は女性のウソを見抜く観察眼に気付いていないことが多く、こっそりと浮気していたはずなのに、実は全部バレていたということもあります。

では男性も女性のウソを見抜けるかというと、なかなかそうはいきません。とくに恋愛面では、**女性のウソに翻ろうされる男性がたくさんいま**

KEY POINT

◎ 女性は些細な表情の変化を見逃さない
◎ 男性は目を逸し、女性は目を見てウソをつく
◎ ウソを隠そうとする心理は態度に表れる

す。これは、女性が相手の目をじっと見ながらウソをつくことができるからです。多くの男性は「ウソをついていると目を逸らす」と思っているので、まんまとだまされてしまうのです。

しかし、ウソは身振りや手振り、行動から見破ることができます。たとえば、手を隠そうとしたり、手振りを抑えるのは、ウソを隠そうとするサインのひとつです。これは、「手の動きからウソが見破られるのではないか」という意識が無自覚のうちに働くからです。

また髪の毛やあご、鼻、口など、顔を頻繁に触るのも、ウソをついているときに表れやすい動作と考えられています。このほか、「うなずきの回数が増える」「足がソワソワと落ち着かなくなる」「普段よりも距離を置こうとする」「会話のテンポがいつもと違う」というのも、ウソを隠そうとする心理から表れるサインとされています。相手の話を聞いて「これ、本当かな」と思ったら、相手のしぐさや言動を注意深く見てみましょう。

ウソをついているサイン

髪
頭をかいたり、髪を触って心を落ち着かせようとする

姿勢
脚を組み替えたり、体をソワソワと動かすなど、姿勢を頻繁に変える

会話
会話のテンポが遅くなったり、流暢に話すなど、会話のリズムが不自然になりがちに。また、余計な話をしたくないので、話を早めに終わらせようとする

目
ウソをつくときは緊張状態にあるので、まばたきが自然と多くなる。また恋愛関係では、女性が男性の目をじっと見ることも

口
口を手のひらでふさぐのは、失言や本音が出ないようにするためのサイン。また人差し指を上唇に当てたり、手を口のそばに持っていくのもサインのひとつ

手
手の動きから本心を悟られたくないので、ポケットに手を入れて隠したり、手振りが少なくなったりする

KEY WORD

【非言語コミュニケーション】言葉以外の方法を使ったコミュニケーション。身振りや手振りの他、体の姿勢、表情、視線、相手との距離の置き方などがある。

恋人の心理学

浮気を防ぐための心理テクニックはあるの？

相手との関係に新たな刺激を与えて浮気を防ぐ

浮気や不倫は、男女関係においてもっとも重大なウソにあたります。「浮気は男の甲斐性」という言葉もありますが、一方で最近は女性の浮気や不倫も増えています。

※**進化心理学**の観点からいえば、男性は「多くの子孫を残したい」という本能があるため、浮気は肉体的な快楽を満たすのを目的とすることが多いです。一方、女性は肉体的なつながりよりも「自分と子どもの生活を守りたい」という本能が働くため浮気をしにくいとされています。したがって、それらを満たされずに浮気や不倫をしたときには、すでに心も体も浮気相手に向かってしまっているのです。

また、**これは男女共通でいえますが、自分が知らなかった・体験しなかった世界に導いてくれる相手に好意を抱くといわれています。**未然に防ぐためにも、「相手と一緒に旅行する」「相手のよいところを新たに見つける」「相手にいいことがあったら、一緒に喜んであげる」など新たな刺激を与えてみましょう。マンネリを打破することで、相手との新たな展開が見えてくるはずです。

KEY POINT

◎ 浮気のメカニズムは、子孫を残したい男性と家族を守りたい女性で本能的に異なる
◎ マンネリ打破には相手を見直してみる

浮気や不倫に走る人の特徴

- チヤホヤされるのが好きで、異性からモテたいという思いが強い
- 冒険心や好奇心が旺盛な、恐れ知らずな人
- つねに「青い鳥（理想の相手）」を追い求めている
- 「自分だけは特別」と思っている人
- 自分に自信が持てない人
（言い寄られることで、「求められている」と感じてしまう）
- 押しに弱く、流されやすい人
- 親和欲求が強く、つねに誰かと一緒にいたいと思っている
- 深く付き合うのをおそれ、浅い付き合いができる浮気に走る

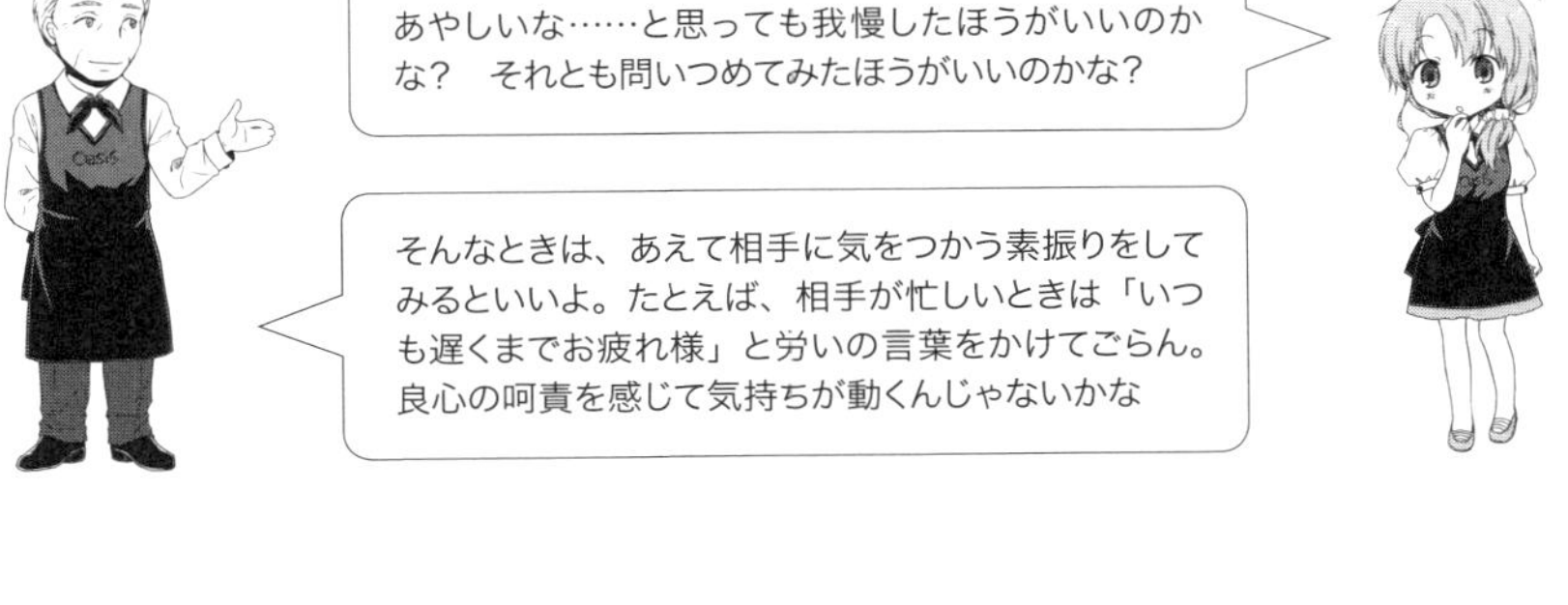
あやしいな……と思っても我慢したほうがいいのかな？　それとも問いつめてみたほうがいいのかな？
そんなときは、あえて相手に気をつかう素振りをしてみるといいよ。たとえば、相手が忙しいときは「いつも遅くまでお疲れ様」と労いの言葉をかけてごらん。良心の呵責を感じて気持ちが動くんじゃないかな

KEY WORD

【進化心理学】 ヒトの心理メカニズムの基盤は生物学的な進化の過程で形成されてきたと仮定する心理学の一分野。

恋人の心理学

男性と女性の恋愛のあり方の違い

脳の構造の違いが男女のすれ違いを生む

　お付き合いが始まって時間が経ってくると、パートナーとの間にすれ違いを感じるようになるときもあります。たとえば、男性は仕事中心の生活から職場や友人との関係を重視しがちですが、女性は恋人との関係を優先する傾向にあります。こうしたすれ違いによる溝が原因で別れに至るカップルもいますが、実は男女の脳の構造の違いが、すれ違いを生む一因となっているのです。

　会話をするとき、男性は言語中枢がある左脳だけを使います。そのため男性の会話には理性がともない、会話に目的や意味を求めようとします。一方、女性は脳全体を使って話すので、会話すること自体に目的を有し、まとまりがないトークを延々としがちです。

　こうした違いから、女性が何気なく話したことを男性が真に受け、不機嫌になることもあります。しかし、女性からすれば何で怒っているかわからず、男女のすれ違いが生じるのです。**女性が男性に何かを指摘するときは、男性は深読みしようとせず、女性はキツくないトーンで話せば、男女のすれ違いの発生率も低くなる**はずです。

KEY POINT

◎ 男心と女心の違いによってすれ違いが生じる
◎ 男性は職場や友人の関係を重視しがちで、女性は恋人との関係を優先する

男心と女心はこんなに違う！

男性と女性の違いは会話だけでなく、さまざまな状況で見られます。それを「理解できない」とバッサリ切り捨てるのではなく、理解することで、相手との関係もさらに深まっていくはずです。

疲れているとき……

男　頭を使おうとしない

女　おしゃべりをしてストレスを解消する

疲れているとき、男性はボーッとテレビを見たり、寝てしまうことが多いです。これはできるだけ頭を使わないで、ストレスを解消させようとするからです。一方、女性はおしゃべりをしたり、愚痴を言うなど、頭を使ってストレスを解消させることが多いです。

行動するとき……

男　ひとつのことしかできない

女　マルチで動くことができる

男性の脳は、左脳と右脳をつなぐ脳梁という部分が細いため、同時に2つのことをこなすのが苦手です。これに対し、女性は男性よりも脳の連携がうまくいっているので、料理をしながら電話をするなど、一度に2つ以上のことをこなすことができます。

予定が重なったとき……

男　仕事や友人を優先する

女　恋人を優先することが多い

男性の多くは仕事を中心とした生活を送るので、外とのつながりを大事にする傾向があります。一方、女性は恋愛を優先しがち。そのため、予定が重なったときに仕事や友人を優先する男性に対し、ついイラついてしまうのです。

第4章　男女の心理学

感情のぶつかり合いをストップ！
夫婦ゲンカの解決法

ええ……夕食の片づけを手伝おうとしたんですが
汚れも泡も残ってるし周りは水浸しだし余計な仕事を増やしてあんまりに雑だったのよ！
俺はよかれと思ってやったつもりだよそれをいきなり怒鳴るなんて！
まあまあ
男性と女性では言葉の捉え方や考え方が違うから衝突はよくある
たとえば問題解決のため話し合おうとする男性に対して
女性はコミュニケーションそのものが目的となるんだ
男性脳と女性脳って言うやつですね……
今回の場合はまずご主人に謝って欲しかった奥さんと
感情的にならず冷静に指摘して欲しかったご主人
——という形でぶつかったんだ
そうよ私はあなたに謝ってほしかっただけなのに
でも君が先に怒鳴っただろ？
いきなり怒鳴った奥さんも良くなかったね
〝反響〟といって態度や口調は同調するものなんだ
怒って接すれば相手も怒った態度で返してくる

※**ストップ法**……アメリカの心理学者ストルツ博士が考案した思考を中断するのに有効な方法。196ページ参照。

――前々から
洗い物くらい
手伝ってほしいと
思ってたの
でも仕事でいつも
疲れているだろうから
言わなかったけど
今日の事で爆発して
そうだったのか
もっと早く気づいて
あげるべきだったな
いえ
私も言い過ぎたわ
ごめんなさい
仲直りできて
よかったですね
あっ!
お話に夢中で
洗い物の続きを
忘れてました!
じゃあ
この際だから
俺が手伝うよ
罪滅ぼしじゃ
ないけど
カタン
君も
せっかくだから
洗い物のコツ
教えてくれないか
そうね
二人で
やりましょう
お客さんを
働かせて
しまったね
いいんじゃ
ないでしょうか?
今回は

夫婦の心理学

妻がヒステリックに怒ったときはどうしたらいいの？

女性の感情的な怒りは話しているうちに解消する!?

「旦那が洗濯物をたたんでくれたのに、やり方が違うのでつい感情的に怒ってしまった」

「家事をしていたら妻が突然怒り出した。和解しようとしても議論にならない」

このような、感情の行き違いから仲がこじれてしまった夫婦は少なくないことでしょう。もちろん、奥さんは勝手に旦那さんが洗濯物をたたんだことに怒ったわけではありません。たたみ方が自分のやり方と違っていたから、注意しただけでした。ところが、その口調が攻撃的だったため、旦那さんは洗濯物をたたんだことそのものを否定されたと思い、手伝わなくなってしまったのです。

このように、会話の仕方にも男女の違いを見てとることができます。女性は雑然と話す**「感情交流型」**の会話をするのに対し、男性はひとつのテーマについて話し合い、ゴールへと向かっていく**「問題解決型」**の会話をします。電話での会話を例にとると、その違いが顕著に表れます。

男性は、用件が済んだらすぐに電話を切ります。問題を解決すると、それ以上話す必要がないからです。これに対し、女性は用件を済ませても

KEY POINT

◎ 女性は会話をすること自体が目的で、男性は問題解決のための手段として会話をする

◎ 感情的になったらストップ法を！

延々と話す傾向にあります。なぜなら、女性はいろんな話をするのが目的だからです。

この男女の会話のギャップの違いを埋める方法は、男女によってそれぞれ違います。**女性は感情的になるのではなく、たとえば洗濯物のたたみ方であれば、正しいやり方を教えてあげます。**このとき、「なぜこういうたたみ方がよいのか」という理由をきちんと添えて説明してあげましょう。

一方、**男性は女性がヒステリックに怒ったときこそ、話を聞いてあげることが大事です。**人は受けた行動を、無意識につられてそのまま返してしまいます（**姿勢反響**※）。怒鳴られたら、つい怒鳴り返してしまい、言い合いになってしまったなんてことはありませんか？ そのような悪循環を断ち切るためにも、ストップ法（196ページ）を用いて、険悪な雰囲気を断ち切りましょう。「女性は話しているうちに怒りが収まっていく」とよくいいますが、根気強く話を聞いてあげることも良好な夫婦関係を保つ秘訣なのです。

男女の会話のギャップを埋める方法

男女の会話の受け取り方には、それぞれ違いがあります。それに気をつけないと、ケンカや不和の原因になってしまいます。

女性 ➡ 男性

理由を添えて教えてあげる

男性は感情的に言われると、能力そのものを否定されたと思ってしまいます。「なぜこうするのか」という理由を添えて、教えてあげましょう。

男性 ➡ 女性

女性の話を聞いてあげる

会話に目的がある男性と違い、女性はいろんな会話をすることを目的としています。そのため、話を聞いてあげることで女性の気が済んでいきます。

KEY WORD

【姿勢反響】相手がとった行動に対して、無意識につられて自分も同じ行動をとること。同調傾向ともいう。

夫婦の心理学

夫婦ゲンカは悪いことではない!?

ケンカをすることで抑圧されたものが解放される

182ページでは「女性は非言語的な要素から感情や心理状態を読みとるのがうまい」と紹介しましたが、心理学ではこの力を**デコーディング**といいます。女性はデコーディングの能力に長け、男性は女性より劣っています。その結果、「何でわかってくれないの?」「口でハッキリと言ってくれないとわからない」となり、夫婦ゲンカへと発展してしまうのです。

頻繁にケンカをする夫婦よりも、ケンカをしない夫婦のほうが円満のように見えますが、ケンカを一切しないというのは、それはそれで問題があります。なぜなら、夫婦ゲンカには抑圧されていた苦しみや悩みを解放する**カタルシス※の効果**があるからです。ケンカがないとその機会が得られず、苦しみや不満が蓄積されます。すると夫婦がコミュニケーション不全の状態となり、「家庭内別居」や「仮面夫婦」へと至ってしまうのです。

このように、ケンカは夫婦生活を営むうえでは必要なものですが、感情的になりすぎると別れるリスクも高まるので、ストップ法（196ページ）を用いたりして「上手なケンカ」をしましょう。

KEY POINT

◎ 女性は表情や雰囲気から心情を察するのが得意なため、男性にもそれを強要しがち

◎ 夫婦ゲンカはときとして必要！

悪い夫婦ゲンカといい夫婦ゲンカ

ストレスが増えるだけの夫婦ゲンカは、お互いにつらいだけです。下記のような悪い夫婦ゲンカは避け、いい夫婦ゲンカをして早めに仲直りしましょう。

✕ 悪い夫婦ゲンカ

✕「離婚してやる！」と言う

「売り言葉に買い言葉」ではありませんが、離婚をする気もないのにこのようなことを言って、本当に離婚ということになったら大変です。

✕ 相手の人格を否定する

「無神経」「何をやってもダメ」など、相手を口汚く罵るだけのケンカは、お互いにしこりを残すことになります。また、「あなたは卑怯だから」と一方的に決めつけるのも、相手に不満をため込ませます。

✕ ほかの人と比較する

人には人の事情がありますが、それを無視して「隣の旦那さんは家事を手伝ってくれるのに」と言うと、相手のプライドを踏みにじることになります。

✕ 相手の親族や友人を悪く言う

自分だけならまだしも、自分が大事に思っている親や友人のことまで悪く言われると、怒りはさらにヒートアップします。

✕ 過去のことを蒸し返す

浮気をとがめられたときに、「あなただって昔……」と言ってしまうと、ケンカの終わりどころが見えなくなってしまいます。

✕ 子どもの前でケンカする

子どもにとって親は絶対的な存在ですが、その親同士が頻繁にケンカをすると、子どもに悪い影響を与えてしまいます。

○ いい夫婦ゲンカ

○ 仲直りの方法を決めておく

「翌日の朝にはケンカの話をしない」「外食に出かける」など、あらかじめ仲直りの方法を決めておくことで、安心して（!?）ケンカをすることができます。

○ 命令ではなくあくまでも主張として話す

たとえば「幼稚園の送り迎えをして」と言うと命令されているようにとらえがちですが、「幼稚園の送り迎えをしてほしい」と言い換えれば感情的なケンカも未然に防ぐことができます。

○ 相手を打ちのめそうとしない

夫婦ゲンカはため込んだ不満を吐き出してスッキリするのが目的であり、「相手に勝つ」のが目的ではありません。とくに口が達者な人は気をつけましょう。

KEY WORD

【カタルシスの効果】 心の中にたまっていた悪い感情が解放され、気持ちが浄化されること。元々はギリシャ語で、哲学者のアリストテレスが最初に使用した。

夫婦の心理学

ついつい相手に不満をぶつけてしまうときは

ストップ法を用いて怒りの感情を中断させる

夫婦といっても、結局は他人同士。普段の生活をしていくなかで、相手の言動に戸惑ったり、怒りを覚えることも少なくないでしょう。

怒りをぶつけてケンカをする夫婦もいれば、波風をたてまいと、グッと不満を我慢してしまう夫婦もなかにはいます。その結果、旦那さんが定年退職したり、子どもの独立といった、ふとしたタイミングから「今まで何十年耐えてきたけど、もう限界！」と不満を爆発させてしまうケースが増えているようです。

怒りの感情をため込むというのは、精神的にもよくありません。そこでオススメなのが、**ストップ法**という怒りを鎮めるのに有効な方法です。ストップ法はアメリカの組織コミュニケーション論で知られる**ストルツ**が考案したものです。自分の体に刺激を与えることで、怒りなどの攻撃的な感情を中断（ストップ）し、気持ちを切り替えるというものです。

怒りの感情がずっと頭の中にとどまっていると、解決策が見いだせないままイライラがずっと続いてしまいます。そこで、**体に何らかの刺激を**

KEY POINT

◎ 感情をコントロールするときはストップ法

◎ 夫婦といえども、コミュニケーションをとって理解し合うことが大切！

与え、攻撃的な感情の流れを一度ストップさせる必要があります。よく窮地に追い込まれた場面で、自分で自分の頬をパンッと叩くことはありませんか？　無意識でやっていることも多いこのストップ法の効果的なやり方は、「ストップ！」と叫んでみることです。意外にも声を発することで、気持ちを切り替えるきっかけとなります。自分で声が出せないときは、家族や友人など、身近な人に声をかけてもらっても効果的です。

そして、**怒りの感情をストップさせたら、相手に冷静に気持ちを伝えましょう。**怒りを抱いたまま、不満をぶつけてしまっては、火に油を注いでしまうことになります。

同じ空間の中で生活する夫婦だからこそ、互いを尊重し合えるコミュニケーションが必要となってきます。不満を相手にぶつける前に、一度ストップ法を用いて気持ちをコントロールして落ち着かせることで、怒りや攻撃的な感情もスーッと収まっていくはずです。

怒りの感情をストップさせる「ストップ法」

怒りの思考を中断し、気持ちを入れ替えるのに効果的な「ストップ法」。やり方は単純ですが、攻撃的な感情を断ち切るには意外と効果的です。

刺激を体に与える

自分の頬を軽く叩く、手を叩くなど、刺激を体に与えることで心を落ち着かせる。刺激が強すぎるとストレスがたまってしまうので、注意が必要。

「ストップ」と声に出す

ポケットに「ストップ」と書かれた紙を入れておき、それを見ながら言うと、目と耳から「ストップ」という情報が入り、効力が増す。

水やコーヒーを飲む

水やコーヒーを口にすることで、怒りの感情をいったんリセットさせ、気持ちを落ち着かせる。

人間関係にとって大事なたったひとつのこと

この後どうするの？
そうだなぁ行きつけの店に寄っていかない？
いいわよ前に話してたマスターさんのいる喫茶店？
ああ君とのことも相談に乗ってもらったんだ
――でもちょっと時間がギリギリかな
急ごうか
お疲れ
今日も遅くなったな
プロジェクトがやっと一段落ついたよ

俺はもう帰ろうと思うんだけどどうだ？
軽く飯でも行かないか？
おっいいね
そうだ！あの喫茶店に行こうマスターに報告もしたいし
よし行くか！
ごめんごめん！
ちょっと上司につかまっちゃって
遅いわよ！
早く行かないとマスターの店閉まっちゃうわよ

今日はもう
お客さん
来ない気が
するな……
ちょっと
早めだけどもう
閉めちゃおうか
じゃ私も
そろそろ
えーもう
帰っちゃうの？
カラン
カラン
あれ？
こんばんは～
間に合った…

おやまあ 馴染みの顔ぶれが 次々と……
Oasis
あれ？ 渡瀬も 来てたのか
あのプロジェクト おかげさまで 無事に終わりました
やったじゃないか！ よかったね
実は私たちも 子供が出来て その報告にと……
わぁ！ ほんとですか！
みんなすごく いい笑顔に なりましたね！
最初の頃は それぞれ悩みを 抱えていて暗い 顔だったからね
マスターには 本当に助け られましたよ

いやいや 僕はヒントを出しただけで あとはみなさん次第だったんだよ
私もここでアルバイトを始めて いろんな勉強ができたし
皆さんともお知り合いになれてよかったです
みんなまだ若いし これから先も ときには悩んだりも すると思う
だから もう一つ覚えて おいて欲しいことが あるんだ
僕たちは社会の中で 家族・職場・地域など 何らかの集団に 属しているよね
そこで何かをするときは その集団の習慣やルールを 基準に考える——
人の意思や判断に影響を 与える集団を 準拠《じゅんきょ》集団というんだ
たとえば職場の中で 悩んだとしても 家族や恋人の準拠集団が 良好な関係であればそこで バランスをとることができる
だからできるだけ いろいろな所で 準拠集団を作って いってほしいんだ
私は今のところ 友達だけかな～
それだって立派な 準拠集団だよ

集団の数が多いほど
悩みは出るかも
しれないけど　同時に
気分転換の場所が
増えるんだ
色々な場所で
色々な人と関係を
築くことは
健康的な気持ちを
保つのにとても
重要なんだ
Oasis
この店で気分転換できて
マスターにトラブルを
相談したことも
重要だったんですね
そう
今集まっている
このメンバーも
準拠集団と
いえるだろう
はい！
準拠集団の
みなさん
ナポリタンが
できましたよ
亜梨沙ちゃんの
ナポリタンは
美味しいなあ
いい嫁さんになるよ
何だったら
俺と一緒に
準拠集団を
築かない？
なっ
何ですか
それ……！
はははははは
CLOSE
Thank

重要語句インデックス

著者 渋谷昌三《しぶやしょうぞう》

1946年、神奈川県生まれ。学習院大学卒業後、東京都立大学大学院博士課程修了。心理学専攻、文学博士。山梨医科大学医学部教授を経て、目白大学大学院心理学研究科・社会学部教授。著書に『マンガでわかる心理学入門』（池田書店）、『面白いほどよくわかる! 心理学の本』（西東社）、『「めんどくさい人」の取り扱い方法』（PHP研究所）、『老いを愉しむ 老境の心理学』（角川書店）、『緊張、イライラ、不安が消える自信をつける心理学』（ロングセラーズ）など多数。

マンガ制作

みずなともみ・サイドランチ

STAFF

マンガシナリオ協力	両角潤香
本文デザイン	小林麻実（TYPE FACE）
DTP	八木孝枝、山岸蒔（STUDIODUNK）
イラスト	小川智美
編集協力	村田知子（STUDIODUNK）
執筆協力	常井宏平、小林ぴじお

マンガでわかる
人間関係の心理学

●協定により検印省略
著　者　渋谷昌三
マンガ　みずなともみ・サイドランチ
発行者　池田　豊
印刷所　大日本印刷株式会社
製本所　大日本印刷株式会社
発行所　株式会社池田書店
〒162-0851　東京都新宿区弁天町43番地
電話03-3267-6821（代）
振替00120-9-60072

落丁、乱丁はお取り替えします。

ISBN978-4-262-15419-0

1502211